Südtirol

Friederike Kaiser

Mehr Lust am Reisen

MERIAN-TopTen
Was Sie unbedingt sehen sollten

MERIAN-Tipps
Persönliche Empfehlungen
unserer Autoren

MERIAN-Bewertung
Übernachten, Einkaufen,
Essen und Trinken mit Flair

Für Familien
Für Eltern mit Kindern besonders
geeignet

Tourenplaner
Damit Sie leichter ans Ziel kommen

Südtiroler Wohnkultur: Geranien schmücken die prachtvollen alten Häuser.

Die Autorin:

Friederike Kaiser, 1963 in München geboren, Studium der Kommunikationswissenschaft, Politik und Neueren Geschichte. Seit 1985 als freie Reisejournalistin weltweit unterwegs. 1989 Hochzeit im Bergdorf Gufidaun/Eisacktal. Seitdem: Urlaub und Wochenenden in Südtirol mehrmals im Jahr und zu jeder Jahreszeit.

Frühlingserwachen und Bergsommer, Herbstzauber und Winterfreuden: In der Südtiroler Landschaft besitzt jede Jahreszeit ihren ganz besonderen Reiz.

Perfektes Idyll: alte Bauernhäuser inmitten einer faszinierenden Landschaft.

Gleich hinter dem Brenner beginnt das Prickeln im Bauch. Das Licht: anders, südländischer, verheißungsvoller, die Luft klarer, der Blick weiter. Hier beginnt Italien, wie schon Goethe schrieb, nicht nur geografisch, sondern spürbar für Herz und Seele. Südlich der Alpen blättert sich das Bilderbuch eines an Schönheiten reichen Landstrichs auf. Eine von vielerlei Einflüssen geprägte Erlebniswelt mit den drei Haupttälern Eisack-, Puster- und Etschtal sowie zahlreichen Nebentälern, die ins Hochgebirge führen. Wenn man am Talschluss das Auto parkt, führen Wanderwege mitten ins Herz schönster Bergpanoramen.

Landschaft und Klima in vielen Variationen

Gewaltige Erdverschiebungen formten vor Jahrmillionen die steil gefältelte Gebirgslandschaft Südtirols. Eiszeitliche Gletscher rundeten die Bergkuppen und gruben weit verzweigte Täler. Heute liegen etwa 85 Prozent des Landes höher als 1000 Meter über dem Meeresspiegel. Begünstigt durch die sonnenreiche Lage am Südhang der Alpen, entwickelte sich eine vielfältige Vegetation. Im Zentralbereich der Alpen (**Stubaier-, Ötztaler-, Zillertaler Alpen, Texel-** und **Ortlergruppe**) ist alpine Flora beheimatet, um **Bozen** und **Meran** lässt submediterrane Wärme Palmen wachsen, am **Vinschgauer Sonnenberg** dominiert Steppenvegetation – all das auf den 7400 Quadratkilometern des Landes, das von den Gebirgen des Alpenhauptkammes, von Dolomiten und Ortlermassiv geschützt wird. Das Südtiroler Wetter – viel Sonne, wenig Regen – ist demzufolge fast schon sprichwörtlich …

Liebe auf den zweiten Blick

Schon in der Antike bündelten sich am Brenner merkantile Handelswege zwischen Süd und Nord, mit ihnen kamen Reichtum und der Austausch mit den verschiedensten Kulturen. Heute weist der wichtigste Pass über die Alpen tausenden von Urlaubern den Weg in wärmere Gefilde. Viele nehmen auf der Durchreise vom »Land der Gebirge« kaum Notiz. Doch immer mehr Naturfreunde und Aktivurlauber entdecken Südtirol als Urlaubsziel der Superlative.

Wer einmal da war, ist infiziert von der Sehnsucht, immer wiederzukehren, beseelt von intensiven Eindrücken, die Spuren hinterlassen, hängen bleiben, tief drinnen. Eine Sehnsucht, die nie mehr erlischt. Verwöhnt vom Sonnenschein, den satten Farben der Wiesen und Wälder, vom Farbspiel auf schroffen, wild zerklüfteten Gebirgen, wenn die Dämmerung die sagenhafte Kulisse der Dolomiten in Orange, Rot und alle Rosétöne des göttlichen Farbkastens taucht.

Märchen und Mythen ranken sich um dieses Spektakel der Natur; wenn der Frühling, der hier schon Ende Februar erwacht, **Etsch-** und **Eisacktal** in ein weißes Blütenmeer hüllt. Oder die Konturen im späten Oktober gestochen scharf, klar und kräftig sind; wenn

Kastanienhaine und Obstgärten, Nussbäume und Pergeln Früchte tragen, die Zeit der »Wimmet«, der Weinernte, gekommen ist, Almen und Felder und herbstliche Wanderwege daliegen wie gemalt, überspannt vom makellosen Blau des Himmels.

Nicht zuletzt die krassen Gegensätze Südtirols überraschen immer wieder. Von Ausflügen in **kühle Bergtäler** kehrt man zurück in den sommerlich heißen **Bozner Talkessel**, von der Einsamkeit der Bergbauernhöfe gerät man hinein in die bunte Vielfalt der quirligen Städte, die dem von Bauernfleiß und Agrarwirtschaft dominierten Land zu modernen Akzenten verhelfen.

Von den Grenzen des Wachstums

Dies sind Klischees, in der Tat, viel beschworen in den Prospekten der Tourismuswerbung. Klischees, die sich trotz alledem auf wundersame Weise immer wieder erfüllen. Aber wo viel Licht ist, ist auch Schatten. Gerade wegen seiner Attraktivität lief das Naturparadies Südtirol lange Gefahr, durch Bauboom, Liftanlagen und Zersiedelung viel von seiner Schönheit einzubüßen. Die Tipps in diesem Reiseführer führen nicht nur zu den kulturhistorischen und touristischen Höhepunkten – sie möchten auch ermuntern, die stilleren Reize jenseits ausgetretener Pfade zu entdecken. Mit Baustopps, vor allem aber mit der Einführung der **Naturparks** hat auch die Südtiroler Landesregierung die Zeichen der Zeit erkannt: zum Schutz der Bergwelt, von Flora und Fauna, zum Bestanderhalt von Fischreichtum, Pilzen, Mineralien, seltenen Bergblumen. Jeder Gast kann und sollte sich aktiv am Schutz der Natur beteiligen und die deutlich angeschlagenen Verhaltenshinweise in den Naturparks beherzigen.

Beflügelt von der Aussicht auf eine herzhafte Jause wandert man auf Talböden, Almwiesen und über weite Mittelgebirgsterrassen, die schöne Ausblicke auf das Umland zulassen. Kletterfreaks und Profi-Bergsteiger kommen hier genauso auf ihre Kosten wie Sommerfrischler, die wildromantische Touren in die acht Naturparks **Sarner Alpen, Trudner Horn, Schlern, Texelgruppe, Puez-Geisler, Rieserfernergruppe, Sextener Dolomiten** und **Fanes-Sennes-Prags** schätzen.

Tennisplätze, Bowlingbahnen, Schießstände und Trimm-Dich-Pfade gehören längst zum Standardrepertoire jeder Ortschaft, die auf Einkünfte aus dem Fremdenverkehr zählt. Liebhaber ausgefallener Aktivitäten wie Golf, Drachenfliegen, Paragliding und Wildwasser-Rafting können auf eine erschlossene Infrastruktur zählen. Traubenkuren, Sich-verwöhnen-Lassen auf einer Beauty-Farm, Kneipp'sches Wassertreten – all dies und mehr steht dem Feriengast zur Wahl. Das Dolomiti-Superskigebiet ist Wintervergnügen pur, das auch ausgebufftе Pisten-Freaks herausfordert. Bis hoch in die Dreitausender geht's hinauf, Après-Ski bietet das Grödnertal en masse, Stilfser Joch und Schnalstal runden mit den

Möglichkeiten zum Sommerskilauf die Skifahrsaison auf volle zwölf Monate auf. Frisch gespurte Loipen locken zu gemächlicherer Art, die weiße Jahreszeit in Südtirol zu genießen.

Vom Stolz der Südtiroler

Das kleine Land südlich der Alpen ist ein Mikrokosmos mit drei Kulturen und Sprachgruppen, vom Lauf der Geschichte zusammengewürfelt, zusammengezwungen. Das Tauziehen um den strategischen Stützpunkt Südtirol hat Tradition, schwelte doch lange ein politisches Kompetenzgerangel, obwohl die Provinz längst autonomen Status erlangt hatte.

Spürbar ist auch heute noch die Zerrissenheit der Südtiroler Volksidentität zwischen Italien, Deutschland und Österreich, die ladinische Minderheit mittendrin. Brauchtum und der tief verwurzelte katholische Glauben sind fester Bestandteil des Alltags. Prozessionen, Wallfahrten, religiöse Feste – immer sind Ereignisse wie diese mit dem Tragen der Tracht, Musik und Feiern verbunden. Von der stolzen, bescheidenen, doch niemals unterwürfigen Art der Südtiroler erfährt man am meisten, wenn man ins Gespräch kommt, beim Wandern, beim Wein, am Wegesrand.

Kulturschätze und Baudenkmäler

Alle Stilepochen Europas findet man in Südtirol versammelt. Von der Romanik, die sich stilrein etwa in der **Stiftskirche von Innichen** und in den freigelegten Fresken vom **Kloster Marienberg** eindrucksvoll erhalten zeigt, über die gotischen Schnitzaltäre bis hin zu den Schätzen des merkantil geprägten Mittelalters: Edelsitze, zinnenbewehrte Burgen und Schlösser, über 350 an der Zahl, die das Landschaftsbild prägen. Nicht zu vergessen die schönen mittelalterlichen Stadtkerne von **Sterzing, Brixen, Klausen, Bozen, Bruneck** und **Meran**.

Kalorienzähler tun sich schwer, den Verlockungen einer Küche zu widerstehen, die aus bäuerlichen Kochbüchern stammende Rezepturen mit italienischem Pfiff und österreichischem Faible für Knödel und Mehlspeisen harmonisch vereint.

Südtirol – eine Landschaft, die Leidenschaften weckt: für die Natur, für Brauchtum und bäuerliches Leben, fürs Wandern und für den Wein, für Gaumenkitzel und südländisches Flair, für die Lust, immer noch mehr zu entdecken. Lebensfreude pur.

MERIAN-Lesetipp

»Die schönsten Touren und Hütten in Südtirol« vereint zwei Südtiroler Lieblingsbeschäftigungen: Wandern und Einkehren gehören einfach zusammen! Der Südtiroler Autor Hans Dosser beschreibt auf 128 Seiten 40 gemütliche Wanderwege in allen Landesteilen und verrät, wo der »Einkehrschwung« mit landestypischen Gaumengenüssen belohnt wird.

Oben: Fast die gesamte Bevölkerung Südtirols bekennt sich zum römisch-katholischen Glauben. Kleine »Marterl« wie dieses entdeckt man häufig am Wegesrand.

Mitte: Wertvolle Holzschnitzarbeiten findet man vor allem im Grödner Tal (→ S. 38).

Unten: Sattes Grün vor azurblauem Himmel – der »göttliche Farbkasten« Südtirols ist mit den strahlendsten Tönen bestückt.

Ob Bauernhof, Frühstückspension oder Luxushotel: Ein Zimmer mit Aussicht auf die wunderschöne Landschaft gibt es im klassischen Reiseland Südtirol in vielen Varianten.

Luxusurlaub in Südtirol – warum nicht? Einige der traditionsreichen Kurhotels in Meran etwa verströmen noch heute die Noblesse längst vergangener Zeiten ...

Jeder Urlauber entwickelt so seine Vorlieben. Wer die Bodenständigkeit, die herzliche Gastfreundlichkeit Südtirols schätzt, wird vielleicht gerade deswegen einem familiengeführten »Garni« den Vorzug geben oder in ländlichem Idyll ein Zimmer auf dem Bauernhof wählen. Andere freuen sich auf hochherrschaftliches »Schlafen wie beim Grafen« in den zahlreichen Ansitzen, Burgen und Schlössern, deren Instandhaltung oft erst durch zahlende Gäste gewährleistet wird.

Modernen Komfort bieten alle Häuser ab drei Sterne. Die Qual der Wahl hat man, wenn man im fast 200 Seiten dicken Hotelführer blättert, der alljährlich im Dezember neu erscheint und von den Fremdenverkehrsvereinen zu Hause oder bei der Südtirol Tourismus Werbung in Bozen kostenlos zu beziehen ist.

Reservierungen empfehlen sich ganz besonders in den Hauptreisezeiten Ostern und August, ab Mitte September bis Ende Oktober (Törggelen) und Weihnachten in den Skigebieten. Zur Nebensaison bieten viele Orte im Verbund mit Hotels und Pensionen verbilligte Pauschalwochen an, so genannte »Weiße« und »Grüne Wochen«. Viele Pensionen schließen von November bis zur Woche vor Ostern. Sie sollten sich vorab bei den örtlichen Fremdenverkehrsbüros genau informieren, da auch Museen, Burgen, Schlösser und Kirchen zu dieser Zeit oft geschlossen sind oder Renovierungen durchgeführt werden.

Für Familien besonders angenehm: das große Angebot an **Ferienapartments**, die mindestens vier Personen beherbergen und Selbstversorgung möglich machen. Außerdem haben sehr viele Hotels in Südtirol Schwimmbäder und kindergerechten Service. »Reisen mit der Natur« nennt sich ein neuer Zusammenschluss von 77 Hotels, Pensionen, Ferienwohnungen und Bauernhöfen, die das Südtiroler Umweltsiegel tragen. Hier wird ökologisch gewirtschaftet, oft kommt der Gast in den Genuss von Öko-Gemüse und herzhaften Gerichten.

Je nach Saison und Zimmerausstattung variieren die Preise innerhalb der einzelnen Häuser erheblich (nicht selten um 100 Prozent), so dass die Preisklassen lediglich als Richtschnur für den zu erwartenden Komfort gelten können. Privatvermieter berechnen häufig bei Übernachtungen unter drei Tagen einen Aufschlag von ca. 1,50 € pro Person/Nacht.

Hotels und andere Unterkünfte sind bei den einzelnen Orten im Kapitel »Sehenswerte Orte« beschrieben. **Kreditkarten** werden meist ab der Mittleren Preisklasse (★★) akzeptiert.

MERIAN-Tipp

Urlaub auf dem Bauernhof
Eine hübsche, bebilderte Broschüre weist den Weg zu entlegenen (Berg-)Bauernhöfen und versteckten Gehöften, die Zimmer (9,50–12 € pro Person) für Gäste bereithalten. Kühe, Katzen, Pferde und Federvieh, Abenteuerliches wie Brotbacken oder Kühemelken, dazu direkter Familienanschluss mit Gesprächen über Gott und die (Südtiroler) Welt bei einem Glas Eigenbauwein – all das verschafft unvergessliche Eindrücke und Einblicke in den oft harten Alltag der Bauern. Informationen über den Südtiroler Bauernbund, Brenner Str. 7, I-39100 Bozen; Tel. 04 71/99 93 08, Fax 98 11 71

■ f 1, S. 25

Alle in diesem Buch empfohlenen Unterkünfte auf einen Blick

Komforthotels für gehobene Ansprüche

Hotels mit Flair/besondere Lage

Ruhige Hotels im Grünen

Gutbürgerliche Mittelklassehotels

Einfache Hotels und Pensionen

Ferienwohnungen/Apartments

Preisklassen

Die Preise gelten für eine Übernachtung im Doppelzimmer für zwei Personen, ohne Frühstück.

★★★★ ab 90 €
★★★ bis 90 €
★★ bis 60 €
★ bis 40 €

Deftig, bodenständig, herzhaft: Was in Südtirol auf den Tisch oder aufs Brett'l kommt, hat Tradition. Genießer und Feinschmecker kommen hier voll auf ihre Kosten!

Wie hier am idyllischen Marktplatz in Kaltern (→ S. 92) sitzt man bei Sonnenschein gerne draußen und genießt einen Capuccino oder ein Eis.

Die Küche Südtirols ist eine aufregende Mischung alpenländischer Knödel-Kultur und bodenständig-bäuerlicher Ursprünge, aufs herrlichste unterwandert vom starken Einfluss italienischer Kochkunst.

Vorbei sind die Zeiten, als man mancherorts glaubte, die Gästescharen, die über den Brenner zogen, mit Massenware à la Schnitzel und Würstel abspeisen zu können. Nicht zuletzt einer ganzen Riege junger, ambitionierter Küchenchefs ist der kulinarische Aufschwung Südtirols zu verdanken. Gastronomische Genüsse findet man überall in Südtirol, Überraschendes oft auch abseits der Ballungszentren in abgelegeneren Bergregionen, Belohnung für mitunter serpentinenreiche Anfahrten.

Übrigens: Wo viele Autos mit italienischem Nummernschild vor der Türe stehen, darf man sich bedenkenlos dazu gesellen.

Ob im Luxushotel oder in einer familiär geführten Pension: Überall bekommt man ein reichhaltiges **Frühstück** mit Kaffee, frischen Brötchen, manchmal hausgemachter Marmelade. Angesichts der kalorienreichen Kost empfiehlt es sich, die erste Mahlzeit des Tages etwas kleiner ausfallen zu lassen. In Cafés wecken morgens **Caffè macchiato, Espresso** und mit aufgeschäumter Milch zubereiteter **Cappuccino** die Lebensgeister. Den kleinen Hunger zwischendurch kann man den ganzen Tag mit einer Brettljause, **Marende** genannt, stillen. Das ist freilich oft eine komplette Mahlzeit für sich, mit einem ordentlichen Stück Südtiroler Speck, den man mit einem scharfen Messer möglichst fein aufschneidet, **Graukäse** mit Zwiebeln und Essig, **Kaminwurz'n** und manchmal **Zieger**, ein Ziegenkäse, der aus Molke und Gewürzen hergestellt wird. Dazu werden **Vinschgauer**, kräftig gewürzte Roggenfladen, und **Schüttelbrot** gereicht. Letzteres ist ein flaches, krosses Brot, das die Bauern früher zweimal im Jahr buken und monatelang in ihren Speisekammern aufbewahren konnten. Leider schwankt die Qualität des Specks ganz erheblich. Im Original ist er gepökelt, geräuchert und mindestens zwei Monate gelagert.

Hauptmahlzeiten beginnen oft mit Pasta, Schlutzkrapfen oder einer Wein-, Gersten- oder Milzschnittensuppe, gefolgt von Hauptgang und Dessert. Die **Tischzeiten** von 12 bis 14 Uhr mittags und abends von 18 bis 21 Uhr werden relativ strikt eingehalten – wer später kommt, muss mit kleinen Gerichten vorlieb nehmen.

Auf jeder Speisekarte, die übrigens immer deutsch und italienisch geschrieben ist, sind locker-luftige **Knödel** in -zig Varianten zu finden: mal mit Speck, Spinat, Grieß, Topfen, Käse, Buchweizen oder auch als süße, mit Aprikosen gefüllte Marillenknödel. Oft kommen sie auch als Suppeneinlage auf den Tisch **(in brodo)**. **Schlutzkrapfen** (Schlutzer), ravioliartige, gefüllte Teigtäschchen,

Knödel-Köstlichkeiten

die je nach Region und Jahreszeit nicht nur mit Spinat, sondern auch mit Steinpilzen, Ricotta und anderem gefüllt sein können, schwimmen in abgebräunter Butter. Sie sind kalorienreich, dabei ein geradezu himmlischer Genuss. **Kas-**, **Leber**- und **Spinatnocken**, lockere Teigklößchen, schließen den Reigen Südtiroler Knödelherrlichkeit.

Nur an festlichen Tagen kam früher **Schöpsernes** (Hammelfleisch), **Schweinebraten, Herrengröstl** (Bratkartoffeln mit Kalbfleisch), **Rippelen** (vom Schwein), Innereien, Gamsbraten und der im berühmten Rotwein geschmorte **St. Magdalener Braten** auf die Tafel – ebenso deftig-bodenständige wie köstliche Gerichte, die man heute rund ums Jahr genießt.

Kleines Weinbrevier

Weinbau hat Tradition: Ein in Brixen gefundenes Tongefäß mit Traubengefäßen weist bis ins Jahr 500 v. Chr. zurück, und schon zu Zeiten der Römer wurden im Rätischen Holzfässer verwendet, eine Methode, die dem römischen Gebrauch gegerbter Ziegenfell-Schläuche weit überlegen war. Im Mittelalter hatten die Klöster im Alpenraum Rechte über die Rebenkulturen im Etsch- und Eisacktal, die nach der Säkularisation zum großen Teil in bäuerlichen Besitz übergingen. Hier die wichtigsten Südtiroler Weine, gute Qualitäten tragen das Prädikat DOC:

Rotweine: Edelvernatsch, die bekannteste Rebsorte, die einen frischen, leichten, blumigen Wein ergibt, der vornehmlich jung (Törggelen!) getrunken wird. Berühmtester Vertreter dieser Rebsorte: Kalterer See. Die besten Lagen des **Blauburgunder** befinden sich in Unterland und Überetsch – ein tanninreicher, rubinroter Wein mit reichem Bukett, der in Eichenfässern reift und einige Jahre gelagert werden sollte.

Weißweine: Gewürztraminer aus dem Unterland und Brixner Lagen besticht durch seinen fruchtigen Geschmack und leichten Nelkenduft. **Weißburgunder**, eine aus Frankreich eingeführte Rebensorte, wird im Überetsch und um Terlan angebaut und ergibt einen trockenen, gelb bis grünlichen Weißwein mit klarem Aroma. Der fruchtig-frische **Silvaner** wächst um Brixen und Klausen an sonnigen Hängen. Eine Spezialität des Vinschgaus ist der spritzige **Vezzaner**, der in begrenzten Lagen wächst und Weißwein-Adepten in Verzückung geraten lässt.

Eine Besonderheit Südtirols sind die **Obstbrände**, deren hohes Niveau seit 1991 durch eine Schutzmarke der Landesregierung gekennzeichnet ist.

Was gibt es Schöneres, als beim Wandern durch Weingärten und Kastanienhaine dem alten Brauch des Törggelen zu frönen: Einkehren in urigen Bauernhöfen, Buschenschänken am Wegesrand (die oft nur im Herbst ihre Türen öffnen), unter Pergeldächern sitzen und den jungen Wein verkosten ... Herrlich munden dazu frisch gepflückte Walnüsse, gebratene Kastanien, Speck und Hauswurst mit Kraut.

Restaurants sind bei den einzelnen Orten im Kapitel »Sehenswerte Orte« beschrieben. **Kreditkarten** werden häufig akzeptiert.

Preisklassen

Die Preise beziehen sich jeweils auf ein Menü ohne Getränke, Steuern und Trinkgeld.

★★★★ ab 45 €
★★★ bis 45 €
★★ bis 30 €
★ bis 20 €

MERIAN-Tipp

Restaurant Turm in Völs am Schlern Serpentinenreich schlängelt sich die Straße vom Bozner Talkessel hoch ins Schlerngebiet – und oben im »Turm« warten Gaumenfreuden der Extraklasse. Ob Petersilien-Tortellini, in Kräutern marinierter Kitzrücken, Kastanientrüffel mit Mokkaschaum – hier wird mit Fantasie, Können und gartenfrischen Zutaten kreativ gekocht. 39050 Völs am Schlern, Untervöls, Kirchplatz 9; Tel. 0471/725014, Fax 725474; Do geschl.; Reservierung unbedingt notwendig ★★★★ ■ D 9, S. 121

Essdolmetscher

A

Apfelkiechl: mit Teig umhüllte, in Öl gebackene Apfelscheiben, oft mit Zimt und Zucker bestreut

Apfelkren: Meerrettich mit geriebenen Äpfeln und Sahne

Apfelstrudel: Butterteig mit Apfel-, Rosinen- und Nussfüllung

B

Bauernbratl: Schweinsbraten mit Kartoffeln

Bauerngröstl: Röstkartoffeln mit Zwiebeln und Fleischresten

Beuschel: Ragout aus Innereien vom Ochsen und Kalb

Bozner Sauce: feine Spargelsoße mit Eiern und Kräutern

Brösel: Paniermehl

Buchweizen: vollwertige, sehr beliebte Zutat, z. B. zu Knödeln oder im Kuchen

C

Carpaccio: hauchdünn geschnittenes, rohes Rindfleisch

E

Eierschwämme: Pfifferlinge

Erdäpfel: Kartoffeln

F

Fastenknödel: Semmelknödel

Fisolen: grüne Bohnen

Fleischkrapflen: Frikadellen

Forelle nach Eisacktaler Art: gebraten, mit Wein

Frittatensuppe: Rinderbrühe mit geschnittenem Pfannkuchen

G

Germknödel: Hefeklöße, gefüllt mit Zwetschgenmus

Gerstlsuppe: Graupensuppe aus Gerstenkörnern

geschmälzte Nudeln: dicke, hausgemachte Nudeln, in zerlassener Butter geschwenkt

Geselchtes: Geräuchertes

Graukas: Kuhmilchkäse, der oft mit Essig, Öl und Zwiebeln serviert wird

H

Herrengröstl: Röstkartoffeln mit Kalbfleischstückchen

Herrenpilz: Steinpilz

J

Jause: Brotzeit

K

Kaiserschmarrn: Süßspeise aus Ei, Milch, Rosinen, Zucker

Kalbsvögerln: kleine Kalbsschnitzel in Sauce

Kaminwurzen: würzige Dauerwürste (eine Art Landjäger)

Kapuzinerfleisch: Nieren mit Bohnen und Speck

Karfiol: Blumenkohl

Karree: Rippenstück

Kasnocken: kleine, würzige Käseknödel

Kastanienreis: pürierte Maronen, meist mit Schlagsahne

Kösten: Maronen

Kohlsprossen: Rosenkohl

Kranewittkugeln: Wacholderbeeren

Krautfleckerln: Nudeln mit gedünstetem Weißkohl

Kren: Meerrettich

M

Marende: Imbiss am Nachmittag

Marillen: Aprikosen

Mehlspeise: Sammelbegriff für süße Nachspeisen

Milzschnittensuppe: Brühe mit einer Einlage aus in Fett gebackenem Brot, das mit einer Masse aus Kalbsmilz, Butter, Eigelb und Majoran bestrichen wird

N

Nocken: Mehlklößchen aus Eierteig

P

Palatschinken: Pfannkuchen mit Füllung, z. B. Topfen

Paradeiser: Tomaten

Polenta: Maisgriesgericht

Pressknödel: Knödel aus Grau- oder Ziegenkäse und Weißbrot

R

Ribiseln: Johannisbeeren
Ricotta: Frischkäse, häufig als Füllung von Teigtaschen

S

Saure Suppe: Rindskaldaunensuppe
– *Bozner Art:* Kuttelsuppe
Schälnüsse: frisch geerntete Walnüsse
Schlagobers: Sahne
Schlegel: Kalbs- oder Hammelkeule
Schlutzer, Schlutzkrapfen: Teigtäschchen mit Spinatfüllung in zerlassener Butter
Schöpsernes: Hammelfleisch
Schüttelbrot: Roggenbrotfladen
Schwämme: Pilze
Schwarzplenten: Buchweizen
Selchen: Räuchern (im Kamin)
Selchfleisch: geräuchertes Schweinefleisch
Serviettenknödel: Semmelknödelteig, in Scheiben geschnitten
Speck: gepökelt und mit Wacholder geräuchert, eine Südtiroler Spezialität
Stelze: Schweins- oder Kalbshaxe, Eisbein
Strauben: süßes Schmalzgebäck, mit Puderzucker bestreut
Surbraten: gebeiztes, nicht geräuchertes Schweinefleisch

T

Tafelspitz: sehr zartes, kleinfaseriges Rindfleisch, gekocht
Teiser Kugeln: Erdäpfelknödel
Tirtlan oder *Türtln:* Schmalzgebackenes mit verschiedenen Füllungen, z. B. mit Sauerkraut
Topfen: Quark

V

Vinschgerl: kleines Fladenbrot aus Roggenmehl, mit Kümmel und Fenchelsamen gewürzt
Vormas: Gabelfrühstück

Z

Zelten: süßes Früchtebrot mit Honig und Feigen, eine Bozner Spezialität
Zibeben: Rosinen

Neben dem Weinbau ist die Obstzucht ein wichtiges Standbein der Landwirtschaft.

Zu jeder Jahreszeit lohnt eine Reise nach Südtirol – hier entdeckt man den Zauber einer traditionsreichen Kulturlandschaft täglich neu.

Die dramatischen Dolomitengipfel sind eine perfekte Kulisse für die reizvollen Südtiroler Dörfer und Städte.

Bozen ist ein Highlight jeder Reise nach Südtirol: Rund um die quirlige Metropole tankt die Seele südländisches Flair und Lebensgefühl mit allen Sinnen.

Bozen

■ F 4, S. 117

97 000 Einwohner
Stadtplan → S. 25

Eingebettet zwischen Rebhügeln und Obstgärten, geschützt vor den kühlen Nordwinden, liegt die Hauptstadt der autonomen Provinz Bozen auf 266 Metern in einem Talkessel, der sich nur gen Süden ins Etschtal öffnet. Wunderbar mild und mediterran ist das Klima daher, und für viele beginnt Italien nicht an der Staatsgrenze, sondern just hier.

Unübersehbar gewinnt südländische Eleganz in den malerischen Altstadtgassen rund um den **Waltherplatz** die Oberhand, schwingt heitere Stimmung im 800 Jahre alten Geschäftszentrum, den **Lauben**, die von der Zerstörung im Zweiten Weltkrieg verschont geblieben sind.

Erlesene Geschäfte, Luxus und Lebensart prägen die Atmosphäre. Bozen ist seit jeher Verkehrszentrum Südtirols gewesen, dank seiner strategisch günstigen Lage im Fadenkreuz merkantiler Wege, die über **Reschen** und **Brenner** führten. Weiter südlich beginnt die **Weinstraße**, im Norden lockt das landschaftlich reizvolle Hochplateau des **Ritten**, der schon im 17. Jh. reichen Kaufleuten der Stadt als willkommene Sommerfrische diente und auch heute noch einer der beliebtesten Ferienberge ist.

Urlaubern bietet sich Bozen als idealer Ausgangspunkt für Touren an – wer auf dem Land logiert, sollte mindestens einen Ausflugstag sowie einen Bummel über den Bozner Markt einplanen.

Hotels/andere Unterkünfte

Città di Bolzano/Stadthotel ■ d 2
Zentral in der Altstadt gelegen.
Waltherplatz 21; Tel. 04 71/97 52 21, Fax 97 66 88; 98 Zimmer ★★

Eberle nördlich ■ f 1
Drei-Sterne-Haus in schöner Lage. Zimmer mit herrlichem Blick und stadtbekanntes, gutes Restaurant.
Oswaldpromenade 1; Tel. und Fax 04 71/97 61 25; 11 Zimmer
★★ AmEx DINERS EURO VISA

Laurin M M ■ e 2
Aufwendig renoviertes Jugendstilhotel. Schöne Parklage, von alten Bäumen umgeben. Beheizter Pool, beglückendes Gartenrestaurant. Und: eine super Bar mit toller Stimmung und Preisen wie im Straßencafé! Klaviermusik inklusive ...
Laurinstr. 4; Tel. 04 71/31 10 00, Fax 31 11 48; 90 Zimmer
★★★★ AmEx DINERS EURO VISA

Spaziergang

Das Herz Bozens schlägt am verkehrsberuhigten **Waltherplatz**. Hier, am Fuß des Denkmals des Minnesängers Walther von der Vogelweide, beginnt man am besten die Erkundung der historischen Altstadt.

An der von prächtigen Bürgerhäusern aus dem 17. Jh. flankierten Ostseite bummelt man zum **Kornplatz**. Hier findet man das freskenbemalte, alte Waaghaus, eines der schönsten Häuser der Altstadt. Weiter geht es durch die Silbergasse zum barocken

Merkantilgebäude. Geradewegs oder auf verschlungenen Wegen durch zahlreiche Quergassen kommt man zum **Rathausplatz** und den **Bozner Lauben**, dem Geschäftsviertel der alten Handelsstadt, die bereits im 13. Jh. durch eine unabhängige Handels-Gerichtsbarkeit privilegiert war und so zu frühem Reichtum kam.

Modisch-Modernes präsentiert sich in den Auslagen unter den Arkadenbögen zu beiden Seiten, verführerisch duftet es nach frischem Weißbrot und Cappuccino aus den zahlreichen Straßencafés. Laut, bunt und südländisch geht es weiter über den berühmtesten **Obstmarkt** Südtirols mit seinen berstend vollen Marktständen und seiner wunderbaren Kulisse mittelalterlicher Bürgerhäuser, die reich mit Erkern und Fresken geschmückt sind. Lohnenswert ist auch ein Abstecher in die traditionsreiche **Bindergasse** mit ihren vielen alten, handgeschmiedeten Gasthausschildern.

Über die Museumsstraße gelangt man zur **Talferbrücke**. Hier beginnt die Wassermauerpromenade, die herrliche Blicke auf **Schloss Maretsch**, das heute als Kongresszentrum genutzt wird, und den **Rosengarten** gewährt; eine zauberhafte Kulisse, wenn am Abend der Rosengarten mit dem letzten Tageslicht zu glühen beginnt.
Dauer: ca. 3 Std.

Sehenswertes

Alte Grieser Pfarrkirche westlich ■ a 1
Im hübschen Stadtviertel Gries jenseits der Talfer, das auch zu Fuß über die Guntschna-Promenade zu erreichen ist, finden Kunstfreunde eines der bedeutendsten gotischen Schnitzwerke: den Marienkrönungsaltar von Michael Pacher, 1471 bis 1475 entstanden.
April – Ende Okt. Mo – Fr 10.30 – 12, 14.30 – 16 Uhr

Bozner Lauben ■ d 2
In der malerischen Altstadt Bozens fallen die Lauben auf, eine schmale Gasse, die von alten Bürgerhäusern, die zum Teil aus dem 15. Jh. stammen, flankiert wird. Unter den Lauben kann man flanieren und einkaufen. Auch Goethe schlenderte seinerzeit hier entlang und fand's ein »wohlbehagliches Dasein«. Viel hat sich bis heute nicht daran geändert. 6

Dom ■ d 3
Der filigrane Turm der Dompfarrkirche Mariä Himmelfahrt, Bischofskirche seit 1964, ist das Wahrzeichen der Stadt. Die farbigen Dachziegel mit dem Rautenmuster entstanden bereits im 14. Jh. Der Dom wurde 1350 auf frühchristlichen Mauerresten errichtet. Sehenswert sind im Inneren die spätgotische Sandsteinkanzel von 1514 und die barocke Gnadenkapelle.
Mo – Fr 9.45 – 12, 14 – 17, Sa 9.45 – 12 Uhr
Ostern – Ende Okt. Führungen Do um 10 Uhr

MERIAN-Tipp

Spaziergang nach St. Magdalena Im Viertel St. Oswald am Nordrand von Bozen beginnt die St. Oswald Promenade, die in einem etwa halbstündigen Spaziergang nach St. Magdalena, mitten hinein in eines der ältesten, von der Sonne verwöhnten Weinbaugebiete, führt. Die reiche südländische Vegetation betört die Sinne, stimmt ein auf den Genuss einer Weinverkostung der besonderen Art, die in den umliegenden Häusern, zum Beispiel im Gasthof Peter, St. Peterweg 14, offeriert wird.
nordöstlich ■ f 1

Dominikanerkloster ■ c–d 3
Das ehemalige, im Jahre 1272 gegründete Kloster besitzt in seiner Johanneskapelle und im spätgotischen Kreuzgang bedeutende Fresken italienischer Meister aus der Nachfolge des Giotto di Bondone.
Kapuzinerstraße/Eingang Domplatz

Obstmarkt ■ d 2
Besonders schön im Herbst, wenn Kastanien und Pfifferlinge locken.
Tgl. 8–19, Sa 8–12.30 Uhr

Runkelstein ■ F 4, S. 117
Die auf senkrecht abstürzenden Felsen am Eingang der Sarner Schlucht gelegene Burg wurde 1237 erbaut. Von Bozen aus kann man sie, der Wassermauerpromenade folgend, in etwa 30 Min. Fußmarsch erreichen; der Weg führt über Schloss Maretsch, das inmitten schöner Weingärten liegt, der Talfer weiter entlang bis Schloss Klebenstein.
Führungen März–Ende Nov. Di–Sa 10–17 Uhr, Feiertage geschl.; Eintritt 3 €

Waltherplatz ■ d 2
Namenspatron der »guten Stube« der Stadt ist Walther von der Vogelweide, der bedeutendste Dichter des Mittelalters im deutschen Sprachraum. Das Denkmal des Minnesängers, der 1170 vermutlich in Lajen am Eingang zum Grödnertal geboren wurde, ist beliebter Treffpunkt junger Leute.

Museen

Museum für Moderne Kunst ■ c 2
Heimische Gemälde und Skulpturen aus dem 19. und 20. Jh. dokumentieren eindrucksvoll die Schaffensvielfalt zeitgenössischer Künstler. Juni–Sept. abends Freilichtkino im Garten.
Sernesistr. 1; Di–So 10–12 und 15–19 Uhr, Do 18 Uhr Führung; Eintritt 2,50 €

Stadtmuseum ■ c 2
Archäologische Funde, Trachten und prächtige Bauernstuben aus der guten alten Zeit.
Sparkassenstr. 14; Di–Sa 9–12 und 14.30–17.30, So 10–13 Uhr, Fr 10 Uhr Führung; Eintritt 3 €

Südtiroler Archäologiemuseum ■ c 2
Vom Ende der letzten Eiszeit um 15 000 v. Chr. bis zur Zeit Karls des Großen um 800 nach Chr. reichen die Exponate des neuen Museums. Zahlreiche Objekte und multimediale Animationen erzählen vom Leben in den südlichen Alpentälern. Zentraler Mittelpunkt: »Ötzi«, der »Mann aus dem Eis«. Die etwa 5300 Jahre alte Gletschermumie wird im Hightechverfahren konserviert.
Museumstr. 43; Mai–Sept. Di–So 10–18, Do bis 20, Okt.–April Di–So 9–17, Do bis 20 Uhr; Eintritt 5 €

Essen und Trinken

Amadé ■ e 1
Das Restaurant von Lokalmatador Karl Unterhofer befindet sich in einem mittelalterlichen Palazzo; im Sommer wird im Garten serviert, wobei die Küche tirolerisch-italienische Kombinationen wie Hasenravioli oder Schneckenstrudel auftischt.
Batzenhäuslgasse 8; Tel. 0471/971278; So geschl.; Reservierung empfohlen
★★★★ AmEx DINERS EURO VISA

Batzenhäusl ■ e 1
Gemütliche Weinstube, in der schon vor Jahrhunderten ein »Batzen« (4 Kreuzer) für einen Schoppen Wein zu zahlen war. Eines der ältesten Bozner Häuser, erbaut 1402, früher beliebter Künstlertreff. Bodenständige Südtiroler Kost, aber auch Ausgefalleneres wie Kartoffeln mit Topfen.
Andreas-Hofer-Str. 30; Tel. 0471/976183; tgl. außer Di 19–1.30 Uhr; Reservierung erforderlich ★★★

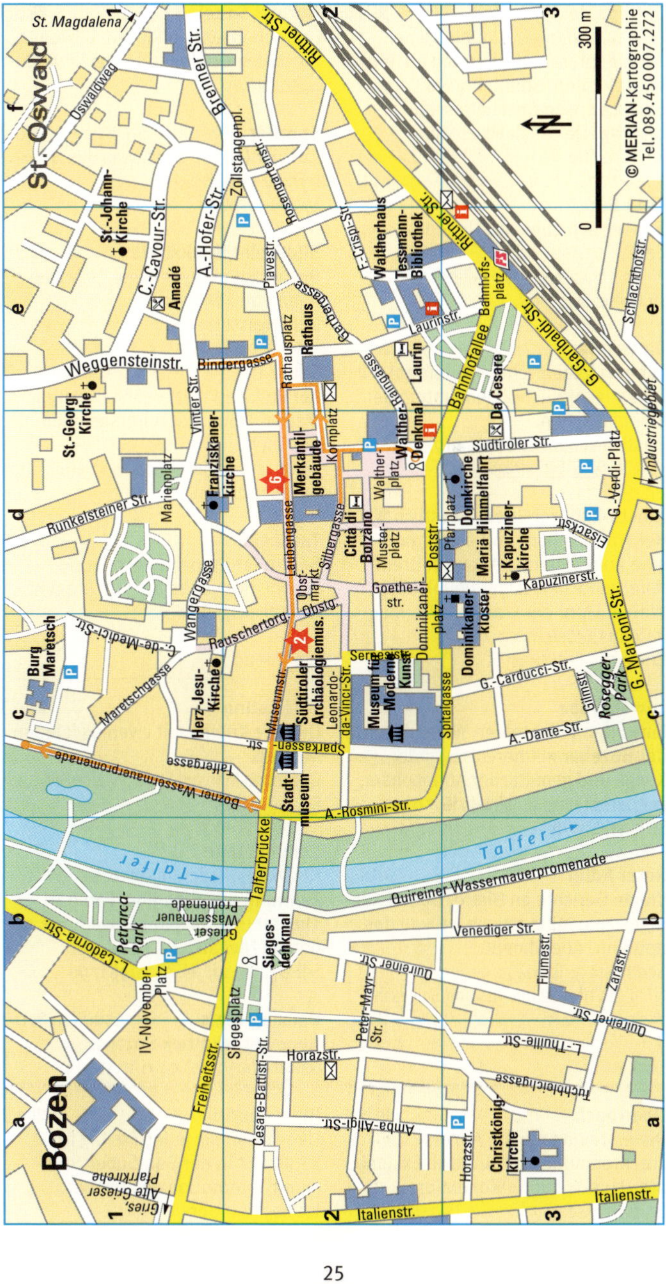
Bozen
St. Oswald
St. Magdalena
Oswaldweg
Brenner Str.
Ritter Str.
St.-Johann-Kirche
C.-Cavour-Str.
Amadé
A.-Hofer-Str.
Zollstangenpl.
Rosengartenstr.
Piavestr.
F.-Crispi-Str.
Waltherhaus
Tessmann-Bibliothek
Weggensteinstr.
Bindergasse
Rathausplatz
Rathaus
Gerbergasse
Laurinstr.
Laurin
Bahnhofsplatz
G.-Garibaldi-Str.
Schlachthofstr.
St.-Georg-Kirche
Vintler Str.
Franziskanerkirche
Merkantilgebäude
Kornplatz
Walther-Denkmal
Bahnhofallee
Da Cesare
Industriegebiet
Südtiroler Str.
Runkelsteiner Str.
Marienplatz
Laubengasse
Silbergasse
Città di Bolzano
Waltherplatz
Domkirche
Mariä Himmelfahrt
Pfarrplatz
Eisackstr.
G.-Verdi-Platz
Musterplatz
Poststr.
Kapuzinerkirche
Kapuzinerstr.
Obstmarkt
Obstg.
Goethestr.
Dominikanerplatz
Dominikanerkloster
Wangergasse
Rauschertorg.
G.-de-Medici-Str.
Burg Maretsch
Maretschgasse
Herz-Jesu-Kirche
Museumstr.
Südtiroler Archäologiemus.
Leonardo-da-Vinci-Str.
Sernesistr.
Museum für Moderne Kunst
Spitalgasse
G.-Carducci-Str.
Gilmstr.
Rosegger-Park
G.-Marconi-Str.
A.-Dante-Str.
Sparkassenstr.
Talfergasse
Bozner Wassermauerpromenade
Stadtmuseum
A.-Rosmini-Str.
Talfer
Talferbrücke
Quireiner Wassermauerpromenade
Grieser Wassermauer Promenade
Petrarca-Park
L.-Cadorna-Str.
Siegesdenkmal
Venediger Str.
Quireiner Str.
Fiumestr.
Zarastr.
IV-November-Platz
Siegesplatz
Freiheitsstr.
Cesare-Battisti-Str.
Horazstr.
Peter-Mayr-Str.
L.-Thuille-Str.
Amba-Alagi-Str.
Christkönig-Kirche
Italienstr.
Gries, Alte Grieser Pfarrkirche
0
300 m
© MERIAN-Kartographie Tel. 089.450007.272

Bottega del Vino ■ d 2
Hier schlürfen die Einheimischen ihren Espresso, treffen sich auf ein Viertel Roten. Stimmungsvoll am Samstag nach Geschäftsschluss.
Laubengasse 30; tgl. bis 21 Uhr, Sa bis 14 Uhr ★

Città Bar ■ d 2
Strategisch günstig gelegenes Café.
Waltherplatz 21; tgl. 7–23 Uhr, im Winter So geschl.

Da Cesare ■ d 3
Typisch italienisches Restaurant mit Bologneser Küche, Geheimtipp der Einheimischen.
Perathoner Straße; Tel. 04 71/97 66 38
★★★ AmEx DINERS EURO VISA

Klosterkellerei Gries westlich ■ a 1
Bei Weinkennern und -liebhabern eine angestammte Adresse. Breite Palette hochklassiger heimischer Weine. Tipp: der kraftvolle St. Magdalena Classico.
Grieser Platz 21 ★★

Löwengrube ■ f 2
Eines der beliebtesten Weinlokale der Bozener mit hervorragender Küche und gemütlicher Atmosphäre.
Zollstangenplatz 3; Tel. 04 71/97 07 49; So geschl. ★★

Roter Adler ■ d 2
Kleine Gerichte im Bistro, Bodenständiges zum Mittagstisch, stilvoll das opulente Abendmenü.
Goethestr. 3; Tel. 04 71/97 39 38; tgl. 9–24 Uhr, Sa abends und So geschl.
★★★

Einkaufen

Oberrauch ■ d 2
Die erste und feinste Adresse für Trachtenmode aus Südtirol. Exklusiv: die »Luis-Trenker«-Kollektion.
Laubengasse 67

Norbert Sadei ■ d 2
Holzschnitzerei in Riesenauswahl, die jedem Geldbeutel gerecht wird.
Obstplatz 25

Sportler ■ d 2
Auf vier Etagen alles, was das Sportlerherz begehrt.
Laubengasse 37

Südtiroler Werkstätten ■ d 2
Bozner Engel, Glaskunst, Schnitzereien und Textilarbeiten.
Laubengasse 39

Thun südlich ■ d 3
Keramikwerkstatt des Stardesigners Matteo Thun. Geschirr, Kachelöfen und mehr.
Galvanistr. 29 (im Industriegebiet); Tel. 04 71/24 51 11

Tschager ■ e 2
Südtiroler Kunsthandwerk und schöne Souvenirs auf fünf Etagen.
Am Rathausplatz 7

Am Abend

Café Latino ■ c 3
Quirlige Kneipe mit Livemusik jeden Montag.
Guglielmo-Marconi-Str. 25; tgl. außer So 20–2 Uhr

Carambolage ■ d 2
Kleinkunstkeller im historischen Zentrum: alte Gewölbe, Cabaret, Theater und dienstags Livemusik auf hohem Niveau.
Silbergasse 19; Tel. 04 71/98 17 90

Dancing Big's südlich ■ d 3
Neue In-Diskothek Bozens.
Galvanistr. 39; Tel. 04 71/93 18 10

Hotel Laurin ■ e 2
Live-Jazzmusik jeden Freitag ab 21.30 Uhr in der Bar. Super-Stimmung, internationale Künstler.
Tel. 04 71/31 10 00

Miró ■ c 2
Kellerbar. In-Treff.
Dominikanerplatz 3 b; Di–Sa 22–2.30 Uhr, Do Acid Jazz., So und Mo geschl.

Okay ■ c 3
Diskothek. Flippiges Publikum.
Gilmstr. 1; tgl. außer So 22–2 Uhr

Primo Piano ■ e 3
Restaurant mit stimmungsvoller Pianobar, Livemusik.
Schlachthofstr. 11 c; Tel. 04 71/97 34 21; Di–So 20–2.30 Uhr

Service

Auskunft
Tourismusverein Bozen ■ d 2
Waltherplatz 8, 39100 Bozen;
Tel. 04 71/30 70 00, Fax 98 01 28
website www.südtirol.com/bolzano

Südtirol Marketing ■ d 3
Die zentrale Anlaufstelle für Nachfragen aller Art.
Pfarrplatz 11, 39100 Bozen;
Tel. 04 71/41 38 08, Fax 41 38 89
website www.hallo.com

Parken ■ d 2–e 3
Am besten die Tiefgarage unter dem Waltherplatz oder Central-Parking vis-a-vis vom Bahnhof anfahren.
Tgl. 7– 21 Uhr

Parken außerhalb ■ b 2
Direzional Park, Duca D'Aostastr., gleich hinter der Talferbrücke

Taxi
Tel. 04 71/98 11 11

Ziele in der Umgebung

Ritten ■ F 3, S. 117

Bozens Hausberg ist ein weit ausgedehntes, durchschnittlich 1200 m hoch gelegenes Plateau, das im **Rittner Horn** (2260 m) gipfelt. Hierher zogen sich schon im 17. Jh. die reichen Patrizier zurück, wenn ihnen im Sommer die Luft im Talkessel zu stickig wurde. Vor allem der Weinbau gibt dem Ritten sein unverkennbares Gepräge, zur Törggelenzeit im Oktober freilich ist's aus mit dem beschaulichen Bergfrieden, wenn sich Autobusse einer Karawane gleich die Kurven hoch schlängeln.

Erst seit 1965 schraubt sich über 16 km und unzählige Serpentinen die Straße über den Bergrücken nach **Barbian** – früher musste man mit Bergwegen und der Zahnradbahn und der alten Rittenstraße vorlieb nehmen. Heute kann man noch mit dem nostalgischen, holzverkleideten Seil-Bähnchen (Höhenunterschied 951 m, Fahrzeit 12,5 Minuten) beschaulich durch Wiesen und Lärchenwälder rattern. Hauptorte am Ritten

MERIAN-Tipp

Patscheider Hof in Signat Wer mit dem Auto auf den Ritten hinauf-»kurbelt«, lässt sein Vehikel in Signat stehen. Zu Fuß geht es in etwa 20 Minuten zum Patscheider Hof, der mitten zwischen Weinhängen traumhaft schön gelegen ist. Südtiroler Kost, von Gerstlsuppe bis zum köstlichen Dreierteller (Schlutzer, Kasnocken, Spinatknödel), kommt hier ausschließlich hausgemacht auf den Tisch. Traumhafte Lage. Zur Törggelenzeit, wenn sich im späten Oktober das Weinlaub leuchtendgelb färbt, ein romantisches Fleckerl. Signat 166; Tel. 04 71/36 52 67; abends und am Wochenende vorbestellen (3 Fremdenzimmer) ■ D 9, S. 121

sind **Klobenstein** (1156 m) und **Oberbozen** (1221 m).

Hotels/andere Unterkünfte

Kematen ■ A 8, S. 118
Das ehemalige Herrenhaus eines 40 ha großen Patrizieransitzes am Ritten liegt wunderschön auf einer lärmfreien Anhöhe an einem kleinen See. Hier kann man die klassische Sommerfrische am Ritten genießen: großzügiger Komfort, stilvolles Ambiente und traumhafte Ausblicke auf die Westdolomiten.
Kematerstr. 29, 39054 Klobenstein/Ritten; Tel. 0471/356356, Fax 356363; 15 Zimmer, einige Apartments ★★★

Parkhotel Holzner ■ F 3, S. 117
Traumhotel mit schönem altem Mobiliar. In Reichweite ist die Bergstation der Seilbahn Bozen–Oberbozen. Wunderbarer Bergblick auf den Schlern, Schwimmbad.
Oberbozen 72, 39054 Ritten; Tel. 0471/345231, Fax 345593; 43 Zimmer ★★★

Sehenswertes

Erdpyramiden ■ F 4, S. 117 ■ A 8, S. 118 ■ C 6, S. 118
Unterhalb der Seilbahnstation Oberbozen sowie zwischen Lengmoos und Mittelberg trifft man auf die bis zu 30 m hohen, nadelförmigen Erdpyramiden, ein Restbestandteil eiszeitlicher Moränen. Das unter den Porphyr- oder Granitblöcken liegende Erdreich wird vor Erosion geschützt. Fällt der Block am oberen Ende zu Boden, verschwindet auch die Pyramide, da sie nun Wind und Wetter ausgesetzt ist. Ab Lengmoos führt ein Wanderweg halbkreisförmig an der bizarr geformten Landschaft vorbei.

Rittner Horn ■ A 8, S. 118
In luftiger Höhe hat man eine gute Sicht zum Ortler über die Dolomiten bis hin zu den Hohen Tauern. Die Gipfelhütte ist im Sommer bewirtschaftet.

Essen und Trinken

Loosmannhof ■ D 9, S. 121
Der idyllische Erbhof der Familie Pircher ist ein gut erhaltenes Anwesen mit eigenem Weinanbau. Zum Törggelen sollten Sie unbedingt reservieren!
Signal 177; Tel. 0471/365237

Rosengartengebiet ■ E 9, S. 121

Hinter Kardaun im Osten Bozens beginnt das stark zerklüftete **Eggental**, das mitten hinein in die »Bleichen Berge« der Dolomiten und weiter über die Große Dolomitenstraße bis nach Cortina d'Ampezzo führt. **Deutschnofen** (1359 m), **Petersberg** (mit einem 18-Loch-Golfplatz) und **Welschnofen** (1182 m), die größeren Ortschaften der Region, haben den Fremdenverkehr zum Programm gemacht und bieten ein ausführliches Wander- und Sportprogramm.

Von Welschnofen aus lassen sich viele Wanderungen am Rosengarten unternehmen (empfehlenswert: mit der Gondel zur Frommeralm). Oder auf den Spuren von Kaiserin Sisi wandeln, die besonders gern am smaragdgrünen **Karer See** spazieren ging – vielleicht der anmutigen Reflektionen wegen, die der Sommerhimmel auf die Wasseroberfläche zaubert.

Hinter der wilden Eggenschlucht weitet sich der Blick zum Land des Zwergenkönigs Laurin, der hier, der Sage nach, einen herrlichen Rosengarten besaß. Als sein Reich in gegnerische Hände fiel, verfluchte er die Pracht seines Rosengartens, die fortan weder bei Tag noch bei Nacht leuchten sollte. Nur die Dämmerung

Oben: Eine faszinierende Mischung aus Südtiroler Tradition und italienischem Chic präsentieren die Geschäfte in der Bozner Altstadt (→ S. 26).

Mitte: Von der Seiser Alm, der größten Hochalm Europas, bieten sich sommers wie winters herrliche Ausblicke (→ S. 31).

Unten: Vielerorts kann man im Sommer gemütlich draußen essen – so auch am Bozner Obstplatz.

vergaß Laurin, und so flammen die Berge bis heute in schönstem Rosenrot, wenn die Sonne versinkt.

Sehenswertes

Elisabeth-Promenade
Sie erinnert an die unglückliche Kaiserin Sisi, die anno dazumal sicherlich in abgeschiedener Stille wandelte, ganz im Gegensatz zu den regen Besucherscharen, die heute ins Rosengartengebiet kommen.

St. Helena
Das bezaubernd gelegene, im Jahre 1410 geweihte Bergheiligtum hütet einen bedeutenden gotischen Freskenschatz.

Service

Auskunft
Tourismusverband Rosengarten-Latemar
Unterbirchabruck 9, 39050 Birchabruck; Tel. 0471/610310, Fax 610317; website www.DolomitiSuperski.com/rola

Golf-Club-Petersberg
Unterwinkel 5, 39040 Petersberg; Tel. 0471/615122

Salten

■ F 3, S. 117

Weniger turbulent als am Ritten geht es am Salten zu, einer Hochfläche (1000–1500 m) südlich der Sarntaler Alpen, die von den Bozenern »Tschöggelberg« genannt wird. Almwiesen, Lärchenwälder und weit ausgedehnte Wanderwege kennzeichnen diesen an seltenen Bergblumen reichen Naturpark mit seinen Weilern und einsamen Bergbauernhöfen. Das nahe Städtchen **Jenesien** ist von Bozen aus in knapp zehn Minuten mit der Seilbahn zu erreichen. Wer mit dem Auto kommt, wird eine abenteuerliche Kurven- und Tunnelfahrt erleben.

Service

Auskunft
Tourismusverein Jenesien ■ F 3, S. 117
39050 Jenesien; Tel. 0471/354196, Fax 354085

Sarntal

■ F 3, S. 117

6500 Einwohner

Schon lange führt eine direkte Straßenverbindung von Bozen durch das Sarntal und über das Penser Joch (2215 m) nach Sterzing. Trotzdem hat das von der Talfer durchflossene Tal seine eigenständige bäuerliche Tradition behalten. Heimisches Kunsthandwerk wie die **Federkielstickerei** und **Holzschnitzerei** zeugt von lebendigem Brauchtum. Geldbörsen, Gürtel, Taschen, Schuhe etc. aus reich verziertem schwarzem Leder bekommt man in typischen Werkstätten (z. B. bei Johann Thaler, Rohrerstr. 41, und Luis Thaler, Kranzelsteinweg 3, in Sarnthein). Wer einmal den Weg durch die enge, von bizarren Felsformationen gesäumte Schlucht in dieses Schatzkästlein der Natur gefunden hat, kehrt immer wieder gern hierher zurück.

Hinter dem Hauptort **Sarnthein,** mit mehr als 300 qkm Ausdehnung die größte Gemeinde Südtirols, öffnet sich das **Durnholzer Tal** mit seinem wildromantischen See.

Wanderung

Durnholzer See ■ A 7, S. 118
Der fischreiche, von Nadelwäldern umrahmte Bergsee lässt sich in gut einer Stunde umwandern: fern von Autolärm, mitten hinein ins Refugium der Sarntaler Bergbauernhöfe.

Lohnenswert ist ein Abstecher hinauf nach **Durnholz** mit seinen schönen alten Häusern und dem besonders hübschen Friedhof an der Kirche; die Sarntaler Tracht gehört hier zum alltäglichen Bild, in den

Gasthöfen bekommt man die Tirtl'n mit Mohn gefüllt.

Sehenswertes

St. Cyprian in Sarnthein ■ F 3, S. 117
Die kleine Kirche birgt wertvolle Fresken, die als ein Hauptwerk der Bozner Schule aus dem Ende des 14. Jh. gelten. Den Schlüssel bekommt man im Haus gegenüber.

Essen und Trinken

Wirtshaus Bad Schörgau M
Nicht weit von der Straße nach Sarnthein stößt man auf ein besonderes gastronomisches Kleinod. Sehr gepflegte Gourmetküche in gehobenem Ambiente. Nette Gästezimmer mit Bachrauschen und Vogelgezwitscher.
Putzen 24, 39058 Sarnthein; Tel. 0471/62 30 48; Mo, Di mittags geschl.
★★★ VISA

Zum Hirschen
Eines der ältesten, erstmals 1494 urkundlich erwähnten Gasthäuser.
39058 Sarnthein; Tel. 0471/62 31 16; Do geschl. ★★

Service

Auskunft
Tourismusverein Sarntal
39058 Sarnthein; Tel. 0471/62 30 91, Fax 62 23 50

Schlerngebiet ■ D 9, S. 121

Unter dem breit gelagerten Massiv des **Schlern** (2563 m) weitet sich die sonnige Mittelgebirgsterrasse von **Seis, Kastelruth** und **Völs**. Ein magisches Fleckchen Erde, umrahmt von einer grandiosen Bergkulisse. Mit der **Seiser Alm**, der bekanntesten Alm Südtirols, kann das Feriengebiet mit einer besonderen Attraktion aufwarten. Beliebt ist das Bergsteigerrevier Rosengarten und Schlern mit dem Ausgangspunkt Compatsch (1800 m), dem »Maximiliansweg« und dem »Laurenzi-Klettersteig«.

Hotels/andere Unterkünfte

Turm ■ D 9, S. 121
Stilvolles Romantikhotel und Restaurant in Völs (→ MERIAN-Tipp, S. 17).
Kirchplatz 9, 39050 Völs; Tel. 0471/72 50 14, Fax 72 54 74; 23 Zimmer
★★★★ EURO VISA

Sehenswertes

Bauernmarkt
Jeden Freitag verkaufen Bauern aus der Gegend Frisches von Hof und Feld auf dem Markt in Kastelruth.

Schloss Prösels
Die Anlage mit Loggiengang, Freitreppe und Ziehbrunnen lohnt unbedingt eine Besichtigung.
39050 Völs; Tel. 0471/60 10 62; Führungen tgl. ca. 10–17 Uhr, Sa und im Winter geschl.

Seiser Alm
Die größte Hochalm Europas bietet in etwa 2000 m Höhe Wanderfreuden pur: Zwischen Mai und Oktober ist das Landschaftsschutzgebiet mit dem Auto nicht zu erreichen. Auf rund 350 km Wanderwegen aller Schwierigkeitsgrade kommen auch Familien mit Kindern auf ihre Kosten. Im Winter ist die Alm Ziel vieler Wintersportfreunde. 10

Service

Auskunft
Tourismusverein Kastelruth
39040 Kastelruth; Tel. 0471/70 63 33, Fax 70 51 88

Tourismusbüro Seiser Alm
39040 Seiser Alm; Tel. 0471/72 79 04, Fax 72 78 28

Der Süden gewinnt nach und nach Oberhand, wenn man von der klimatisch herben Gegend um den Brenner weiter in Richtung Bozner Becken reist.

Brixen

■ A 7, S. 118

17 800 Einwohner
Stadtplan → S. 35

Rund 80 km reicht das Eisacktal vom Brenner bis hinunter in das südländische Bozen, seit jeher eine geschichtsträchtige Strecke: früher »Krönungsweg« der deutschen Kaiser auf ihrer Reise zum Papst in Rom, bedeutender Handelsweg für venezianische Kaufleute Richtung Norden.

Links und rechts auf den Berghöhen liegen malerische und kunsthistorisch bedeutende Ortschaften, führen Seitenwege in atemberaubende Täler, die teils in stillere Regionen, teils in turbulente Gebiete wie das **Grödner Tal** mitten hinein in die Bergwelt der Dolomiten locken. Wer die Brixener Gegend als Urlaubsdomizil wählt, wohnt günstig: Die Zufahrt zum Pustertal ist nicht weit, Wanderungen in Talgrund, Mittelgebirgen und hochalpine Touren im Grödner Tal bieten sich an.

Neben Brixen ist **Sterzing** ein wichtiger Ort des Tals. Von hier sind Ausflüge ins **Wipp-** und **Pfitscher Tal** nicht nur für Wanderfreuden, sondern auch für kulinarische Überraschungen gut. Idyllische Seitentäler zeigen ein Gesicht Südtirols, das vielen unbekannt ist, denn das obere Eisacktal zwischen Brenner und Franzensfeste ist so etwas wie ein Stiefkind des Südtiroltourismus. Erst 1980 schlossen sich die Gemeinden der Region zur eigenständigen Talgemeinschaft zusammen. Wanderer und Angler schätzen naturbelassene Bäche, beschauliche Wege ...

Mittelalterliches Flair: Brixen hat eine der schönsten Altstädte Tirols aufzuweisen. Die Ursprünge der Laubengasse reichen bis ins 12. Jahrhundert zurück.

Wo man vom Norden kommend auf die ersten Rebhänge trifft, da liegt in einem weiten Talkessel, am Zusammenfluss von Eisack und Rienz, die alte Bischofsstadt Brixen (559 Meter). Ein überschaubares Städtchen voll atmosphärischer Schönheit, die sich bei einem Spaziergang durch die **Lauben**, durch enge, verwinkelte Gassen und durch das wunderschöne **Domviertel** zeigt. Hier trifft man auf bedeutende Kunstdenkmäler des Barock, die von der Blütezeit der Stadt unter der Ägide einflussreicher Fürstbischöfe erzählen.

Alt-Brixener Wirtshäuser mit heimeligen Stuben laden zur Rast, und auch zum Einkaufsbummeln unter den mittelalterlichen Lauben und im Großen Graben ist man hier genau richtig.

Hotels/andere Unterkünfte

Dominik ■ c 2

Das gediegene Relais-&-Château-Hotel besticht durch schönes Ambiente und ein sehr gutes Restaurant – die Führung durch Familienhand und die ruhige, aber zentrale Lage sind ein weiteres Plus.
Unterdrittelgasse 13; Tel. 0472/830144, Fax 836554; 29 Zimmer ★★★★
AmEx DINERS EURO VISA

Grüner Baum ■ c 2

An einem kleinen Park im alten Brixener Stadtteil Stufels gelegenes Luxushotel mit Charme und etwas altmodischem Ambiente.
Stuflergasse 11; Tel. 0472/832732, Fax 832607; 80 Zimmer
★★★★ EURO VISA

Mair am Bach ■ F 5, S. 119

Etwas außerhalb von Brixen im Grünen gelegene Unterkunft, ruhig, nette Zimmer mit Balkon.
Plabach 134, 39040 St. Andrä; Tel. 0472/836496, Fax 832163; 29 Zimmer ★★

Spaziergang

Rund um den neu gestalteten **Domplatz**, den klerikalen Teil des historischen Stadtzentrums, trifft man auf Brixens Kunstschätze in geballter Form. Für **Dom, Pfarrkirche** und **Kreuzgang**, die alle dicht beieinander liegen, braucht man reichlich Zeit. Etwa 100 m weiter in südlicher Richtung stößt man auf die **Fürstbischöfliche Hofburg** mit dem **Diözesanmuseum**. Die Schönheit Brixens erschließt sich bei einem Bummel durch die **Großen** und **Kleinen Lauben** mit hübschen Geschäften, erker- und blumengeschmückten Häusern, gotischen und barocken Fassaden, Türmchen und Zinnen. Wenn man den Bogen über die Großen Lauben wieder Richtung Domviertel schlägt, sollte man es nicht versäumen, über die Adlerbrückengasse ins uralte, bis in die Steinzeit zurückreichende Viertel **Stufels** jenseits der Eisack zu spazieren, das den Ruf Brixens als die älteste Stadt Südtirols anschaulich vor Augen führt. Beachten Sie am Domplatz den neuen »Lebensbrunnen«, der vom lokalen Künstler Martin Rainer gestaltet wurde.
Dauer: 2–3 Std.

Sehenswertes

Domkirche Mariä Himmelfahrt ■ b 3

Die beiden Türme der barocken Domkirche sind das Wahrzeichen der Stadt. Sie entstand um die Mitte des 18. Jh., wobei Teile einer romanischen Basilika einbezogen wurden. Kennzeichnend ist der italienische Barock mit farbigen Marmorverkleidungen, marmornen Altären (Hochaltar von Theodor Benedetti) und die Deckenfresken des Pustertaler Barockmalers Paul Troger.
Kreuzgang:
Zur rechten Hand des klassizistischen Vorraumes der Kirche verbirgt sich einer der beeindruckendsten Kunstschätze Brixens. Der Kreuzgang ist ein romanisches Bauwerk aus dem 14. Jh., die Gewölbe mit gotischen Wandmalereien in unglaublicher Bildervielfalt laden zum längeren Verweilen und Staunen.
Tgl. 9–12 und 15–18 Uhr, Führungen Mo – Sa um 10.30 und 15 Uhr (außer im Winter)

Kloster Neustift nördlich ■ b 1

Jahrhundertelang war das Augustiner Chorherrenstift geistiges Zentrum von Südtirol, das auch weltlichen Genüssen in Form exzellenter Weine nicht abgeneigt war. Doch bevor man sich zum Verkosten in die Neustifter Klosterschenke begibt, sollte man die eindrucksvolle, 1142 vom Brixener Bischof Hartmann gegründete Klosteranlage genauer in Augenschein nehmen.

Prunkstück des Stifts ist der **Bibliotheksaal** im Stil des Rokoko, ausgestattet mit 76 000 alten Büchern, vielen wertvollen Handschriften und fein ziselierten Miniaturmalereien, von denen man die schönsten in Vitrinen näher in Augenschein nehmen kann. Zentrum der Klosteranlage ist die im 18. Jh. barockisierte **Stiftskirche Zu Unserer Lieben Frau** mit ihren berühmten Deckengemälden von Matthäus Günther. Außerdem liegt hier der Dichter und Minnesänger Oswald von Wolkenstein begraben.
Führungen Mo–Sa 10, 11, 14, 15 und 16 Uhr; Eintritt 3 €

Museen

Fürstbischöfliche Hofburg mit Diözesanmuseum ■ b 3

Der von einem Wassergraben umgebene Renaissancepalast besticht vor allem durch seinen dreigeschossigen, von Loggiengalerien umschlossenen Innenhof. Im Inneren der Anlage ist das große Diözesanmuseum untergebracht, das in 70 (!) schönen

Sälen eine stattliche Sammlung religiöser Volkskunst präsentiert.
Mitte März–Okt. Di–So 10–17 Uhr

Krippenmuseum: ■ b 3
Von Dezember bis zum 10. Februar kann man diesem sehenswerten Museum im Erdgeschoss der Hofburg einen Besuch abstatten.
Hofburg; Mitte März–Okt. Di–So 10–17 Uhr, Dez. und Jan. tgl. 14–17 Uhr; Eintritt für beide Museen 3,50 €

Essen und Trinken

Fink ■ b 2
Der Gasthof unter den Brixener Lauben ist weithin bekannt für seine authentische Tiroler Küche. In der Eisacktaler Stube werden bodenständige Gerichte wie Weinsuppe, Herrengröstl und Schöpsernes aufgetragen.
Kleine Lauben 4; Tel. 0472/834883; Reservierung notwendig; Mi geschl. (außer Aug.), Di ab 15 Uhr ★★★ AmEx DINERS EURO VISA

Finsterwirt ■ b 3
7 Südtiroler Kost mit Finesse macht den Aufenthalt in dem Alt-Brixener Wirtshaus mit Künstlerstübele (eine alte Kapitelschenke mit Bildern zeitgenössischer Künstler) oder im weinumrankten Innenhof zum »Muss«. Probieren Sie vom Spanferkelschinken mit Rahmkren, lauwarmen Kalbskopf oder Eisacktaler Weinsuppe mit Zimtbrot.
Domgasse; Tel. 0472/835343; Reservierung abends empfohlen; So abends und Mo geschl. ★★★

Einkaufen

Athesia ■ b 2
Ableger der berühmten Buchhandlung in Bozen mit guter Südtirol-Literatur.
Weißenturmgasse 1

Fischnaller Luis ■ b 2
Hier kann man Kunsthandwerk erwerben.
Bulderecke/Große Lauben 8

Galerie Peter Öhler ■ b 3
Große Auswahl an Lederwaren.
Kleine Lauben 8 a/Pfarrplatz 1

Käseladen M ■ b 3
Wer die Domgasse entlangspaziert, trifft unweigerlich auf den schönsten Käseladen Südtirols.
Domgasse 4b

Qua-Qua ■ b 2
Italienische Schuhmode zu Schnäppchenpreisen.
Großer Graben 2 b

Sport Kleon ■ b 3
Hier findet man Sportswear in reicher Auswahl zu günstigen Preisen.
Hofburggasse 1

Sport Taschler ■ b 2
Wanderschuhe, Sportbekleidung und Accessoires in toller Auswahl.
Große Lauben 23

Am Abend

Belize
Jazzkeller mit jungem Publikum. Musik mit lateinamerikanischem Einschlag.
Bäckergasse, gegenüber Hausnummer 6

Blue Moon ■ b 1
Kleine, beliebte Pianobar. Do Livemusik.
Brennerstr. 6

Dampfkessel ■ a 3
Beliebtes Pub. Der Name sagt es: Hier wird – vornehmlich dienstags – Livemusik gespielt, bei der die Post abgeht.
Dantestr. 12, am Parkhaus; tgl. 20–2.30 Uhr, Mo geschl.

Diskothek Max südlich ■ b 4
Südtirols größte Diskothek, Techno bis Easy-Listening.
Fischzuchtweg (Sportzone Süd)

Theater Dekadenz ■ a 3
Kabarett, Kleinkunst und Konzerte.
Obere Schutzengelgasse 3; Tel. 0472/836393

Service

Auskunft
Tourismusverein Brixen ■ b 3
Bahnhofstr. 9, 39042 Brixen; Tel. 0472/836401, Fax 836067
website www.acs.it/brixen

Fahrrad-Verleih Tandem ■ c 4
Plosestr. 38; Tel. 0472/830722

Parken
Parkhaus an der Hauptstraße (vom Norden kommend 3. Ampel rechts), Parkplätze Nord im Zentrum (kostenpflichtig) und Süd bei der Diskothek Max (gratis) sind ausgeschildert.

Taxi
Tel. 0472/830162

Ziele in der Umgebung

Barbian ■ A 8, S. 118

1470 Einwohner

Schief wie der Turm von Pisa ragt die **Kirche von Barbian** in den Himmel. Wie von einer Sonnenterrasse aus kann man den Blick von dieser auch zum Törggelen sehr beliebten Anhöhe (863 m) auf das Plosemassiv bis zu den Geißlerspitzen schweifen lassen.

Spaziergänge führen nach **Saubach** oder bergauf ins einstige Heilbad **Dreikirchen** (1200 m), wo man auf drei eigenartig beieinander stehende Kirchen sowie ansehnliche Villen Brixener Sommerfrischler trifft.

Hotels/andere Unterkünfte

Pension Briol
Der um die Jahrhundertwende erbaute Berghof in Dreikirchen bietet einfache, gemütliche Unterkunft.
Tel. 0471/650125; 14 Zimmer; Juli–Sept. ★

Sehenswertes

St. Ingenuin und Albuin
Die komplett im gotischen Stil erhaltene Kirche von Saubach (von Barbian aus zu Fuß Richtung Süden zu erreichen) birgt drei sehenswerte freistehende Flügelaltäre (um 1500).

Service

Auskunft
Verkehrsverein Barbian
39040 Barbian; Tel. 0471/654411, Fax 654260

Feldthurns ■ A 8, S. 118

2400 Einwohner

Ein netter Ferienort auf 850 m Höhe, in dem es recht gemächlich zugeht. Viele Wanderwege laden ein zu leichten Spaziergängen über dem Eisacktal. Attraktiv ist das beheizte Freibad.

Sehenswertes

Schloss Velthurns
Die ehemalige Sommerresidenz der Brixener Bischöfe (bis zur Säkularisation 1803) zeigt anschaulich die Wohnkultur der Hochrenaissance. Sehenswert die Fürstenzimmer mit Täfelung und Rosettendecken, die aus neun verschiedenen Holzarten geschnitzt sind.
Führungen März–Nov. Di–So 10, 11, 14.30 und 15.30 Uhr; Eintritt 0,75 €, Familienkarte 1 €

Essen und Trinken

Glangerhof
Der Törggelen-Tipp schlechthin: Im Oktober und November gibt's gratis zu Speck, Graukas und jungem Wein stimmungsvolles Ziehharmonikaspiel von Wirt Georg Oberhofer.
Gulin 91; Tel. 0472/855317

Unterwirt
Alteingesessener Familienbetrieb.
Dorf 8; Tel. 0472/855225; Mi geschl. (außer Aug.) ★★

Service

Auskunft
Tourismusverein Feldthurns
39040 Feldthurns; Tel. 0472/855290, Fax 855031

Gossensass ■ A 6, S. 118

Im geschützt liegenden **Pflerschtal**, nördlich von Sterzing, liegt das malerische Örtchen (1100 m), das schon im 19. Jh. als Kurort Furore machte. Heute trübt die Autobahnbrücke die Harmonie, Skifahrer zieht es im Winter zu den Abfahrten des nahe gelegenen »Hühnerspiels«. Zwischen Frühling und Herbst ist die abwechslungsreiche Berglandschaft das Ziel vieler Wanderer.

Grödner Tal

■ A 8, S. 118

Über die Starzer Brücke schieben sich sommers wie winters wahre Blechlawinen ins Ski- und Wanderparadies des Grödner Tals. Loipen, Wanderwege und hunderte Pistenkilometer – das Grödner Tal verspricht Trubel auf den ersten Blick. Die Hauptorte **St. Ulrich, St. Christina** und **Wolkenstein** (1583 m) zusammen bringen es auf über 10 000 Hotelbetten. Gröden bietet ca. 200 Pistenkilometer und 84 moderne Liftanlagen (Sella Ronda), mit dem Superskipass Dolomiti sind über 1000 km Pisten zu befahren. Entsprechend reichhaltig ist das Geschäfts- und Unterhaltungsangebot der Region.

Und trotzdem kann man noch stillere Seiten des 27 km langen, von Waidbruck bis zum Grödner Joch reichenden Tals erleben: Wo das Tal östlich von Pontives schmaler wird, beginnt **Ladinien**, das Land der Rätoromanischen Volksstämme, die nach den Eroberungsfeldzügen der Römer 15 und 16 v. Chr. in die unzugänglichen Täler von Gröden und Gader zurückgedrängt wurden und dort eine neue Bleibe fanden. Ihre Sprache ist lebendig geblieben, Relikt einer Zeit, als es Skitourismus noch nicht gab.

Einen Hauch stiller Erhabenheit, der die majestätische Naturschönheit der Dolomiten umgibt, spürt man, wenn man sich vom Strom der Urlauber absetzt, die über das Eisacktal (Waidbruck) oder Pustertal (St. Lorenzen) gen Gröden fahren. Zwei attraktive Alternativen seien erwähnt – von Olang nach Enneberg und St. Vigil oder über Eggental und Karerpass.

Hotels/andere Unterkünfte

Alpenroyal
Das erste Haus am Platz wurde renoviert und mit zusätzlichen Attraktionen ausgestattet: Beauty-Center, das schönste Schwimmbad Südtirols mit Dampfgrotte, Whirlpool und Glasdach – das »Hallenbad unter den Sternen«. Außerdem Zirbelstube, Grillabende auf der Hütte, Kino im Haus, Kegelbahn, Tennisanlage und Gymnastikstudio.
Meisules Str. 43, 39048 Wolkenstein;
Tel. 0471/795178, Fax 794161;
31 Zimmer ★★★★ EURO

Wolkenstein
Hotel mit Schwimmbad, Sauna und Solarium. Große Sonnenterrasse. Spielzimmer für Kinder.
Tieja Str. 14, 39048 Wolkenstein;
Tel. 0471/792026, Fax 793599;
52 Zimmer ★★

MERIAN-Tipp

Huberhof in Pardell Zwischen Feldthurns und dem Kloster Säben liegt der Gasthof Huber, der besonders im Herbst Wanderern eine willkommene und sehr idyllische Einkehr bereitet: Eigenanbauweine und wenige, aber hausgemachte, hervorragende Speisen (Schlutzer, Hauswurst mit Kraut) werden im wildromantischen Garten unter Kastanienbäumen oder in der gemütlichen Bauernstube serviert. In sechs Stuben können sich müde Häupter auch zur Ruhe begeben. Pardell Nr. 50, 39043 Klausen; Tel. 0472/855479; Mo geschl. ★★ ■ A 8, S. 118

Oben: Vom sakralen Motiv bis zur Schachfigur gibt's hier »jede Menge Holz«: Das Heimatmuseum St. Ulrich, untergebracht in der »Cesa di Ladins«, ist berühmt für seine Schnitzarbeiten (→ S. 40)!

Mitte: Das weitläufige Kloster Neustift bei Brixen zählt zu den kunstgeschichtlichen Höhepunkten der Region (→ S. 34).

Unten: Das Grödner Tal erstreckt sich bis ins Herz der Südtiroler Dolomiten.

Sehenswertes

Trostburg
Über den Rittersteig erreicht man von **Waidbruck** aus die Burg zu Fuß in etwa 20 Min. oder über eine kleine, kurvenreiche Straße mit dem Auto. Im 11. Jh. erbaut, übernahmen 1385 die Herren von Wolkenstein das Anwesen und bauten es um 1600 zu einem Residenzschloss aus. Die Burg lädt zu einer kunsthistorischen Reise von der eher kargen Romanik bis in die luxuriöse Zeit der Spätrenaissance – so kann kann man sehr schön den Wandel von der kargen Ursprungszeit bis zum Luxus der Renaissance nachvollziehen. Hier soll Minnesänger Oswald von Wolkenstein aufgewachsen sein, eine umfassende Sammlung dokumentiert sein Leben. Besonders hübsch ist die vollgetäfelte gotische Stube (um 1400), interessant die Burgenschau mit ca. 80 Modellen Südtiroler Burgen.
39040 Waidbruck; Führungen Ostern bis Ende Okt. Di–So 11, 14, 15 Uhr, Juli und Aug. auch 10 und 16 Uhr; Eintritt 1,50 €

Museen

Heimatmuseum St. Ulrich
Neben prähistorischen Funden, einer Mineraliensammlung, Herbarium und Tierexponaten ist die Werkschau Grödner Holzschnitzkunst von den Anfängen vor rund 300 Jahren über wertvolle sakrale Motive wie Heiligenstatuen, Kruzifixe und Weihnachtskrippen bis hin zu Holzspielzeug und modernen Schach- und Tierfiguren ein besonderer Kunstgenuss. Zum Weltruf der Holzschnitzer trug nicht zuletzt die Bildhauerdynastie Vinazer (1650–1814) bei, die mit zahlreichen Werken vertreten ist.
Reziastr. 83, 39046 St. Ulrich/Gröden; Tel. 0471/793272; Feb.–April, Juni, Sept., Okt. Di–Fr 15–18.30 Uhr, Juli, Aug. tgl. 10–12, 15–19 Uhr; Eintritt 2 €

Essen und Trinken

Laurinkeller
Rustikale Gaststätte. Tipp: Probieren Sie die Hirtenmakkaroni.
Meisules Str. 278, 39048 Wolkenstein; Tel. 0471/795059; Do geschl. ★★

Miravalle
Pizza aus dem Holzofen.
Dantercepiesstr. 51, 39048 Wolkenstein; Tel. 0471/795166 ★★

Villa Frainela
Hausgemachte Kuchen und 80 Teesorten zur Auswahl.
Dantercepiesstr. 66, 39048 Wolkenstein; Tel. 0471/794339; Mo geschl.

Service

Auskunft
Tourismusverband Gröden
Dursanstr. 78, 39047 St. Christina; Tel. 0471/792277, Fax 792235; website www.va/-gardena.com

Klausen

A 8, S. 118

4500 Einwohner

Wie Funde belegen, ist Klausen einer der ältesten Siedlungsorte Südtirols, dessen Ursprünge auf vorgeschichtliche Zeiten zurück gehen. Das idyllische Eisackstädtchen mit den schmalen Gassen ist vielleicht das verkannteste Kleinod mittelalterlicher Städtebaukunst in Südtirol. Nahe der Autobahnausfahrt gelegen, wird es leider oft übersehen. Blumengeschäfte, Lebensmittel- und (übrigens sehr preisgünstige) Schuhgeschäfte decken den Bedarf der Bevölkerung – Tourismus spielt nur die zweite Geige. Klausen besteht aus einer einzigen Hauptgasse, durch die früher der gesamte Brennerverkehr zum Kassieren der Maut geschleust wurde. In der Nähe liegen die Dörfer **Latzfons**, **Villanders**, **Lajen** und **Gufidaun**.

Hotels/andere Unterkünfte

Ansitz zum Steinbock
Restaurant mit Zimmern in einem Gehöft aus dem 11. Jh. Urgemütliche Stuben, heimische Schmankerln. Ein Juwel!
38 St. Stefan, Villanders; Tel. 0472/843111, Fax 843468; 14 Zimmer
★★★ AmEx EURO VISA

Turm
Liegt zentral im idyllischen Gufidaun neben Kirche und Dorfwirtshaus – optimal für weinselige Abende im Turmwirt nebenan. Nette Gästezimmer, schönes Frühstück.
39043 Gufidaun 48; Tel. 0472/844121; 14 Zimmer ★★

Sehenswertes

Gufidaun
Das Dörfchen liegt etwa 4 km oberhalb von Klausen – ein gemächliches, im Kern ursprünglich erhaltenes Bergdorf, das seinen besonderen Reiz aus der natürlichen Herzlichkeit der Menschen hier schöpft. Sehenswert ist das **Dorfmuseum** im Ansitz Hohenhaus.

Kloster Säben
Die »Akropolis Südtirols« sollte man unbedingt zu Fuß erwandern, etwa von Klausen oder Feldthurn aus, durch Wiesen, Kastanienhaine, Apfelgärten.

Seit dem 16. Jh. ist Kloster Säben Ziel zahlreicher Pilger. Während man das Kloster selbst, das seit 300 Jahren von Benediktinerinnen bewirtschaftet wird, nicht besichtigen kann, sollte man sich vor allem für die **Heilig-Kreuz-Kirche** Zeit nehmen: Perspektivische Wandmalereien erweitern den Raum im Sommer – eine perfekte optische Täuschung, die einen genaueren Blick lohnt.
Besichtigung der drei Kirchen tgl. 8–18 Uhr

Museen

Stadtmuseum Klausen und Loretoschatz
Im Kapuzinerkloster am südlichen Ortseingang ist sehenswerte sakrale Kunst in Plastiken, Hinterglasmalerei und Gemälden Südtiroler Künstler ausgestellt. Die Kapelle neben dem Kapuzinerkloster birgt prunkvolle Messgewänder, Porzellan, Goldschmiedearbeiten, außerdem den Feldaltar der spanischen Königin Maria Anna und ihres habsburgischen Gemahls Karl II.
April bis Mitte Sept. Di–Sa 10–12 und 16–19 Uhr; Eintritt 1,50 €

Essen und Trinken

Turmwirt M
Ferdinand ist berühmt für seinen Dreier-Teller und die besten Spaghetti weit und breit. Tipp: Pasta Principe und hausgemachte Spezialitäten wie Kürbisravioli und Kastaniensuppe probieren! Holzgetäfelte, gemütliche Stuben mit Kachelofen. Reservieren!
39043 Gufidaun; Tel. 0472/844001
★★

Service

Auskunft
Tourismusverein Klausen
(Führungen für das Kloster Säben hier buchen!)
Tel. 0472/847424, Fax 847244

Lajen

■ A 8, S. 118

2070 Einwohner

Reizvolles Bergdorf, zwischen 1100 und 1300 m gelegen, das im letzten Jahr sein tausendjähriges Bestehen feierte und sich viel von seinem bäuerlichen Idyll bewahren konnte. Zahlreiche kleine Privatpensionen bieten gemütliche Unterkunft mit Blick ins Eisacktal.

Essen und Trinken

Zur Krone
Gepflegtes Haus, das Gerichte mit langer Tradition bietet, z. B. Lajener Brettlmarende (Speck, Kaminwurz, Pellkartoffeln) oder Saurer Kalbskopf. Es gibt sieben Gästezimmer.
Dorfplatz; Tel. 0471/655635, Fax 655635; Fr geschl. ★★

Mauls ■ A 6, S. 118

Der Ort an der alten Brennerstraße zwischen Sterzing und Brixen ist durch den alteingesessenen Gasthof und das Romantikhotel Stafler wohlbekannt – ein Zwischenstopp auf dem Weg von oder nach Südtirol, den man nicht auslassen sollte!

Essen und Trinken

Stafler
Das Romantikhotel bietet gepflegte Küche und Weinkeller.
39040 Mauls; Tel. 0472/771136, Fax 771094; 40 Zimmer ★★★★

Ratschingstal ■ E 1, S. 117

Idyllisches Hochtal westlich von Sterzing, das mit der **Gilfenklamm** eine besondere Attraktion aufweist: Nahe der Ortschaft Stange führen ein abenteuerlicher Steig und kleine Brücken über die gischtgekrönten Wildwasser des Ratschings-Bachs.
1. Mai – 1. Nov.; Eintritt 1,50 €

Museen

Südtiroler Jagdmuseum
Im grandiosen Barock-Ambiente von Schloss Wolfsthurn kann man sich umfassend zur Geschichte der Jagd informieren.
Mareit, Ratschings; April–Nov.
Di–Sa 9.30–17.30, So 14–18 Uhr;
Eintritt 2,50 €

Sterzing ■ A 6, S. 118

5600 Einwohner

Eine lange Straße durchzieht den Kern der Stadt, die durch mittelalterliche Tiroler Städtebauarchitektur beeindruckt. Frühen Reichtum bescherten dem Fuggerstädtchen reichhaltige Silberfunde im Pflerscher- und Ridnauntal. Prächtig die so genannte (nach einem verheerenden Großbrand im 15. Jh. gänzlich neu errichtete) **Neustadt** mit ihren behäbigen Bürgerhäusern, deren Laubenarkaden mit einem bunten Kaleidoskop an Geschäften zum Bummeln verführen.

Hotels/andere Unterkünfte

Schwarzer Adler
Das erste Haus am Platz, im Herzen der Stadt mit Schwimmbad, Sauna, Solarium und hübschen Suiten. Bekannt auch für seine feine und landestypische Tiroler Küche.
Stadtplatz 1; Tel. 0472/764064, Fax 766522; 30 Zimmer, 4 Suiten
★★★★ EURO VISA

MERIAN-Tipp

Ried Dieser kleine Weiler unterhalb von Lajen ist im Herbst ein besonders beliebter Törggelen-Treffpunkt der Bozener »Insider«: In den alten, nebeneinander liegenden Weinhöfen Buchfelder Hof, Buchner Hof und Putzer Hof wird ab Oktober bei Kastanien und Stubnmusi getörggelt bis Mitternacht. Sehr authentisch. Ried liegt unterhalb der Straße zwischen Klausen und Lajen, an der Bushaltestelle abbiegen.
■ A 8, S. 118

Sehenswertes

Burg Reifenstein
Eine richtige Ritterburg wie aus Kinderträumen mit Zugbrücke, Zinnen und einer Zisterne. Reifenstein erhebt sich südlich von Sterzing auf einem hoch über der Talebene aufragenden Felshügel. Ihr heutiges Gesicht stammt aus der Zeit um 1470.

Eindrucksvoll ist das Kapitelzimmer mit seiner kostbaren Zirbelholztäfelung und den gotischen Schnitzmöbeln. Schmuckstück ist der »Grüne Saal«, der vollständig mit grünen Ranken bemalt ist, die wie ein Relief erscheinen.
Führungen Ostern–Nov. tgl. außer Fr 9.30, 10.30, 14 und 15 Uhr; Eintritt 2,50 €

Rathaus
Der spätgotische Bau mit seinem zinnengekrönten Erker und den Wappenreliefs birgt im Lichthof den bekannten römischen **Mithrasstein**, der 1589 in einer Berghöhle bei Mauls gefunden wurde.
Neustadt 21

Spitalkirche
Am Stadtplatz gegenüber des Zwölferturms trifft man auf ein imposantes Beispiel Südtiroler Freskenmalerei: Die Kirche ist fast vollständig ausgemalt, wobei ein Großteil des Freskenzyklus dem Künstler Hans von Bruneck zugeschrieben wird (Mitte des 15. Jh.).
Tgl. 9–12 und 15–17 Uhr

Museen

Landesbergbaumuseum
Ausstellungen zur Tiroler Bergbaugeschichte, Münz- und Mineraliensammlung im Ansitz der ehemaligen Gewerkenfamilie Jöchl.
Ansitz Jöchelsthurn, Frundbergstr. 20; April–Ende Okt. Di–Sa 10–12 und 14–17 Uhr; Eintritt 1,25 €

Multscher Museum
Hier sind Teile des berühmten spätgotischen Flügelaltars des Ulmer Meisters Hans Multscher zu sehen; die wertvollen Holzplastiken entstanden 1456 bis 1459 für die Sterzinger Pfarrkirche Zu Unserer lieben Frau im Moos und fanden hier Ende der fünfziger Jahre eine neue Bleibe. Außerdem im Deutschhaus am südlichen Stadtrand: historische Landkarten, Urkunden, handwerkliche Erzeugnisse.
Deutschhausstr. 11; April–Ende Okt. Di–Fr 10–12, 14–17, Mo 14–17, Sa 10–12 Uhr; Eintritt 1,50 €

Essen und Trinken

Pretzhof zur Bauernkost
Wer einmal den Weg hier hinaufgenommen hat und am Kuhstall vorbei in der heimeligen Stube des Pretzhofes einkehrt, nimmt den Weg immer wieder auf sich. Ob selbst gemachter, in Rucolablätter gewickelter Ziegenkäse, Schlutzer mit frischer Steinpilzfüllung oder Spinatauflauf – im familiär geführten Hof lässt es sich urgemütlich und vom Feinsten tafeln, Bergblick inklusive. 10 Autominuten von Sterzing.
39040 Wiesen/Pfitsch, Tulfer 259 (hinter Wiesen weiter auf der Hauptstraße, kleiner Wegweiser nach rechts); Tel. 0472/ 764455; Reservierung empfohlen; Mo geschl., Di ab 16 Uhr ★★★

Einkaufen

Mair Mair
Etwas abenteuerliche Mischung von italienischen (Spitzen-)Weinen, Lederwaren, Parfum und Feinkost in einem alten Kellergewölbe.
Altstadt 1

Schölzhorn
Der Geheimtipp für Trachtenmoden.
City Center

Am Abend

Derby Club
Diskothek. Techno, Underground. Donnerstag Oldies.
Jaufenstraße (nähe Autobahnausfahrt); tgl. 21–2 Uhr, Di geschl.

Jägerkeller
Disko, alle Musikrichtungen.
Altstadt 26

Die Kapelle
Modernes Pub.
Altstadt 31

Kronenkeller
Bekannter historischer Weinkeller. Rustikales Ambiente.
Altstadt 31; Mi geschl.

Service

Auskunft
Tourismusverein Sterzing
39049 Sterzing; Tel. 0472/765325, Fax 765441

Villanders

■ A 8, S. 118

1800 Einwohner

Oberhalb von Klausen an der Westseite des Eisacktals auf einer ausgedehnten Terrasse des Villandersberges gelegen. Die charakteristische Dorfgasse diente dem Maler Defregger als stimmungsvolle Hintergrundkulisse für sein Bild »Das letzte Aufgebot« im Tiroler Freiheitskampf 1809. Zwischen der Pfarrkirche St. Stephan und der St. Michaelkirche liegt der vielleicht schönste Friedhof Südtirols.

Essen und Trinken

Obergasserhof
Von Oktober bis Mitte Dezember treffen sich in der Törggelen-Stube die Freunde jungen Eigenbauweins.
St. Moritz 17; Tel. 0472/53153 ★★

Einkaufen

Eisacktaler Kellereigenossenschaft
Vor allem Müller-Thurgau und Sylvaner aus dem Anbaugebiet Eisacktal werden hier verkauft.
Latiach 61

Villnößtal

■ B 8, S. 118

Das in östlicher Richtung verlaufende Villnößtal hat sich viel vom Charme einer durch Jahrhunderte von Bergbauern gehegten Kulturlandschaft bewahrt. Hier wird sanfter Tourismus propagiert, das harmonische Landschaftsbild von saftig grünem Weideland und den schroff aufragenden Geislerspitzen am Talschluss nicht durch Liftanlagen beeinträchtigt.

Zahlreiche Wanderwege aller Schwierigkeitsgrade locken Liebhaber erholsamer Bergtouren hierher, gepflegte, schön gewachsene Dörfer findet man in der Umgebung (St. Peter, Teis, St. Magdalena).

Hotels/andere Unterkünfte

Ranuimüllerhof
Am Ende des Villnößtals liegt der gepflegte Hof am Fuß der Geißlerspitzen. Unweit davon findet man die kleine Kapelle St. Johann (18. Jh.).
St. Magdalena 38; Tel. 0472/840182, Fax 840545; 20 Zimmer ★★★

Sehenswertes

St. Jakob am Joch
Nach etwa einer halben Stunde Fußweg von Villnöß erreicht man die Kirche mit ihrem sehenswerten Flügelaltar aus der Zeit des frühen 16. Jh.

Service

Auskunft
Tourismusverein Villnöß
39040 Villnöß; Tel. 0472/840180, Fax 840312

Liebe auf den zweiten Blick:

Der herbe Charme des Pustertals steht in reizvollem Kontrast zu den Seitentälern mit den traumhaften hochalpinen Landschaften.

Bruneck

■ C 7, S. 118

13 100 Einwohner
Stadtplan → S. 49

Wälder, Wiesen und weit verzweigte Seitentäler: Zwischen **Mühlbach**, der westlichen Pforte, und der italienisch-österreichischen Staatsgrenze bei **Innichen** zieht sich das Pustertal auf 80 km Länge den Fluss Rienz entlang.

Wer zum ersten Mal entlang der großen Talstraße von Mühlbach auf Entdeckungstour geht, ahnt kaum etwas von der großartigen hochalpinen Kulisse, die sich bald wie ein Sesam-Öffne-Dich vor den Augen auftun wird – nämlich dann, wenn man den von sattgrünen Waldschluchten gesäumten Talboden verlässt und auf die Mittelgebirgsebenen oder in eines der landschaftlich sehr reizvollen Täler fährt, die zu beiden Seiten des Tals abzweigen: nach Norden in Richtung **Taufers**, **Antholz** und **Gsies**, gen Süden mitten ins ladinische **Gadertal**. Der höchste Berg im Pustertal ist der **Hochfeiler** mit 3510 m im Zillertaler Hauptkamm – der berühmteste Berg ist der **Kronplatz** mit 2275 m, Ausgangspunkt auch für den Super Ski Dolomiti mit über 1100 km Pisten. Im **Ahrntal** wird der Blick frei auf die grandiose Gletscherkulisse des Alpenhauptkammes und die Zillertaler Alpen, im Süden stoßen wildromantische, zerklüftete Täler auf die Drei Zinnen der Sextener Dolomiten.

Viel ist noch erhalten von der bäuerlichen Tradition. Paarhöfe, eng aneinander geduckte Wohnhäuser und Scheunen ragen mitsamt den Kornkästen aus den Wäldern und grüßen von den Sonnenhängen ins Tal. Die Harmonie, die der Besucher in der Kulturlandschaft empfindet – Stützmauern aus Stein, Heckenzäune um die Felder –, lässt die Mühe der Bauern beinahe vergessen. Rauer ist das Klima in der gebirgsnahen Lage, das Wetter unbeständiger, die Landschaft wirkt ohne die typischen Südtiroler Weinhänge herber. Im Sommer und zur Skisaison herrscht im »grünen Tal« Hochbetrieb.

Schier endlose Wanderwege aller Schwierigkeitsgrade, eine Fülle bewirtschafteter Almhütten mit deftigem Brotzeitangebot und eine touristisch gut ausgebaute Infrastruktur mit guten Unterkünften bieten auch im Sommer alles, was das Urlauberherz begehrt. Beschauliche Stille im Pustertal genießt man freilich nur im Frühjahr und Herbst.

Alte Gassen und schöne Bürgerhäuser, gotische Torbögen und schmucke Ziergiebel prägen den mittelalterlichen Charme des lebendigen Städtchens an der Rienz.

Bis ins 13. Jh. reichen die Anfänge von Bruneck, dem Hauptort des Pustertals mit etwa 13 000 Einwohnern, den der Brixner Bischof zur Sicherung seiner Position gegenüber weltlichen Mächten gründete. Noch heute lässt sich das Befestigungssystem erkennen: die zwischen Rienzufer und Burgberg verlaufende Stadtgasse und der alte, von einem Mauerring geschützte Stadtkern.

Jugendliches Flair schwingt in den Gassen, Galerien und Vinotheken laden ein zum Einkaufsbummel. Trotz vieler Touristen konnte das überschaubare Städtchen sein gemütliches Ambiente bewahren. Besonders in der von mittelalterlichen Häusern und vier reich mit Fresken verzierten Stadttoren gesäumten Stadtgasse findet man heimisches Kunsthandwerk, Keramik, Webereien und Goldschmiedearbeiten. Dies ist ein reizvoller Kontrast zur Natur, die Urlauber in abgeschiedene Täler und Bergregionen lockt.

Kulturangebote und Stadtfeste, der **Stegener Markt** im Oktober, der älteste Krämer- und Viehmarkt Südtirols – all das mischt sich zu einem Erlebnis der besonderen Art.

Hotels/andere Unterkünfte

Andreas Hofer ■ b 2
Einer der wenigen Gastbetriebe in zentraler Lage, Drei-Sterne-Komfort.
Tauferer Str. 1; Tel. 04 74/55 14 69, Fax 55 12 83; 54 Zimmer ★★★

Blauer Bock nordöstlich ■ c 2
Gemütliches Haus mit schöner, alter Stube, im Ortskern von Dietenheim gelegen.
Dietenheimer Str. 14; Tel. 04 74/55 20 34; 12 Zimmer ★★

Pension Elizabeth
Familienbetrieb in ruhiger Waldlage, 3 km außerhalb von Bruneck gelegen.
Kaiserwarte 30; Tel. 04 74/8 52 60, Fax 55 16 56; 10 Zimmer ★★★

Pausenplatz mit Aussicht: Auf der Fonda-Savio-Hütte in den Sextener Dolomiten treffen sich die Wanderer zur Rast (→ S. 56).

Royal Hotel Hinterhuber
Modern und komfortabel mit Schwimmbad und Tennisplatz in ruhiger Lage mit herrlichem Blick. 3 km außerhalb gelegen.
Pfaffenthal Ried 1; Tel. 04 74/54 82 21, Fax 54 08 48; 55 Zimmer
★★★★ AmEx DINERS EURO VISA

Spaziergang

Stadtbummler zieht es zuerst in die mittelalterliche **Stadtgasse** mit ihren prächtigen Fassadenmalereien und bunten Schaufenstern, vorbei am Geburts- und Wohnhaus von Michael Pacher (Nr. 29), der als Maler und Bildhauer weit über die Grenzen Südtirols berühmt wurde und sich in vielen Gotteshäusern der Gegend mit gotischen Meisterwerken verewigte.

Am westlichen Ende gehen Sie durch das **Ursulinentor**, das an der Außenseite mit Fresken von Hans von Bruneck verziert ist, und gelangen über eine Treppe zur 1427 erbauten Ursulinenkirche. Besonders schön: der wertvolle Flügelaltar. Das **Oberragentor** bildet das östliche Ende der Stadtgasse.

Von hier aus gehen Sie bergan Richtung **Oberstadt**, wo früher einfache Bürger und Handwerker wohnten, aber auch Ansitze adliger Bürger zu sehen sind. An der **Mariensäule** gabelt sich der Weg, und Sie gelangen zur neuromanischen Pfarrkirche **Maria Himmelfahrt** mit ihrem schmucken Friedhof.

Weiter geht der Spaziergang über die **Mühlgasse** zur **Rienzbrücke** in den Stadtteil **Außerragen**, wo früher Schmiede, Müller, Kessler und Färber lebten und arbeiteten. An der Ecke Willram-/Stuckstraße steht der Gasthof »Zum Weißen Lamm«, der älteste Gastbetrieb der Stadt. Das Haus stammt aus dem Jahr 1550, die Stube ist rund 300 Jahre alt.
Dauer: ca. 2 Std.

Sehenswertes

Schloss Bruneck ■ b 4
Weithin sichtbar in den Talkessel hinein ragt der felsige Hügel, auf dem Schloss Bruneck (erbaut im 13. Jh.) steht, das den Brixener Bischöfen viele Jahrhunderte als Sommerresidenz diente. Vom Oberragentor geht es den Schlossberg hinauf. Schöne Freskenmalereien zieren den Innenhof des Schlosses, das leider nicht besichtigt werden kann. Jenseits der wehrhaften Burg, die im Lauf der Jahrhunderte niemals eingenommen werden konnte, liegt im Wald der Soldatenfriedhof, der an ein dunkles Kapitel der Südtiroler Geschichte erinnert: Im Ersten Weltkrieg hatten Bruneck und das Pustertal an der Dolomitenfront einen hohen Blutzoll entrichtet.

Museen

Stadtmuseum für Grafik ■ c 3
Der Schwerpunkt des neuen Stadtmuseums liegt im Bereich der Grafik von Albrecht Dürer bis in die Moderne.
Bruder-Willram-Str. 1 b; Mai–Sept. Di–Fr 16–19, Sa, So 10–12 Uhr, Juli, Aug. auch 16–19 Uhr; Eintritt 1 €

Volkskundemuseum Dietenheim nördöstlich ■ c 2
Ein etwa halbstündiger Spazierweg führt von Bruneck ins nahe gelegene Dietenheim. In verwinkelten Gassen entdeckt man eine ganze Reihe herrschaftlicher Edelsitze mit gut instandgehaltenen spätmittelalterlichen Fassaden.

Rund um den Ansitz »Mair am Hof« erstreckt sich auf einem großen Freigelände das Landesmuseum für Volkskunde: Hier kann man etwa zwei Dutzend bäuerliche Anwesen mit ihrem Wirtschaftsgerät, eine Mühle, Schmiede und eine Sägerei bestaunen, die aus verschiedenen Landesteilen zusammengetragen und originalgetreu aufgebaut wurden. Eine Jausenstation in einer Original-Bauernstube sorgt für das leibliche Wohl der Besucher.
Mitte April–Ende Okt. Di–Sa 9.30–17.30, So 14–18 Uhr; Eintritt 2,50 €

Essen und Trinken

Nonsens Café ■ b 3
Gemütlicher City-Treff.
Stadtgasse 68 ★

Pub Hotel Bruneck ■ a 4
In-Treff für Jugendliche.
Michael-Pacher-Str. 6; Di–So 16–0.30 Uhr; Tel. 04 74/55 51 10

Weißes Lamm ■ b 3
Im ersten Stock des alten Gasthofes befindet sich das urgemütliche, mit zahlreichen Bildern Südtiroler Künstler ausgestattete Künstler-Stübele. Hier wärmte sich schon der Nationalheld Andreas Hofer am Kachelofen. Überaus stimmungsvolles Ambiente.
Stuckstr. 5; Tel. 04 74/8 46 76; tgl. außer So 10–15 und 17.30–1 Uhr ★★

Woertz Baeck ■ b 3
Modernes Café, Treff von jungen Leuten. Sobald die Sonne scheint, stehen auch einige der chromblitzenden Bistro-Tische im Freien. Leckere Toasts, bester Cappuccino der Stadt.
Stadtgasse 12; tgl. 10–1 Uhr, Di geschl. ★

Einkaufen

Galerie Friesacher ■ b 3
Wechselnde Verkaufsausstellungen. Oft sind ambitionierte Südtiroler Künstler im Programm. Unkompliziert und freundlich, man kann auch »nur zum Gucken« vorbeischauen.
Stadtgasse 12; Tel. 04 74/55 58 30

La Grappoteca ■ b 3
Unerschöpfliche Quelle außergewöhnlicher Obstbrände. 130 Sorten Grappa, Erzeugnisse der Eigenbau-Brennerei, Olivenöle aus erster Pressung.
Stadtgasse 55 a

Keramische Werkstätten Kuntner ■ b 3
Ein alteingesessener Handwerksbetrieb, der seit 1760 heimische Keramik in Blumen- und bäuerlichen Designs herstellt.
Stadtgasse 53

Am Abend

Diskotheque Tolder Club ■ D 7, S. 119
In Olang, ca. 10 km östlich von Bruneck gelegen. Junges Publikum, Dienstag Oldie-Abend, Donnerstag internationale Shows.
Aegidiusweg 1, 39030 Olang; Mo geschl.

Piano Bar
Livemusik-Treffpunkt am Abend.
Prack zu Aschstraße, 39031 Reischach/Bruneck; Tel. 04 74/54 84 10

Pubs' Lokal ■ c 4
Oberragenstr. 17; tgl. 8–1 Uhr,
Mi Ruhetag

Service

Auskunft
Tourismusverband Kronplatz ■ b 3
Herzog-Sigmund-Str. 4 a, 39031 Bruneck;
Tel. 04 74/55 54 47, Fax 53 00 18

Ziele in der Umgebung

Antholzer Tal ■ D 7, S. 119

Nördlich von Olang beginnt das beschauliche Tal, das sich von der Pustertaler Hauptstraße bis zum Antholzer Wildsee über 17,5 km zieht und dann steil zum Staller Sattel auf 2052 m ansteigt.

In den Sommermonaten ist über eine enge Passstraße der Grenzübertritt ins österreichische **Defereggental** möglich. Der malerische **Antholzer See**, einer der schönsten Bergseen Südtirols, lässt sich zu Fuß bequem in einer Stunde umrunden.

Sehenswert ist das unter Naturschutz stehende, etwa 35 ha große **Hochmoor** bei Rasen-Antholz, wo seltene Gebirgspflanzen gedeihen.

Hotels/andere Unterkünfte

Ansitz Heufler
Schlafen wie beim Grafen: Zwischen Wiesen und Wäldern liegt am Beginn des Antholzer Tales das schmucke 8-Zimmer-Hotel, das 1578 vom Grafen Heufler aus Rasen erbaut worden war. Getäfelte Zimmer, Kachelöfen, Kuhfelle als Himmelbettvorleger ... Schummrige Bar, Spezialitätenküche.
39030 Ober Rasen-Antholz;
Tel. 04 74/49 62 88, Fax 49 81 99;
8 Zimmer; Di Ruhetag ★★★
DINERS EURO

Seehaus Residence
Postmodern und in exponierter Lage direkt am See kann man hier zeitgemäß logieren, das relativ neue Haus bietet viel Komfort. Auch Ferienapartments!
Obertal Nr. 16; Tel. 04 74/49 23 42,
Fax 49 22 22; 12 Zimmer, Apartments
★★★ EURO VISA

Gadertal ■ C 7, S. 118

Das weit verästelte, südlich der Rienz verlaufende Gadertal ist der zweitlängste Nebenarm des Pustertals und führt mitten hinein in den alten ladinischen Kulturraum, der auf den südlichen Teil der Dolomiten und über das Grödner Joch in das Grödner Tal reicht. Ebenso wie das Grödner Tal ist das Gadertal durch den Rückzug der Ladiner vor den bajuwarischen Siedlern zu einer rätoromanischen Sprachinsel geworden. Nach Süden ausgerichtet, ist es nur über eine schmale Schlucht zu erreichen. Heute führt eine gut ausgebaute Straße durch das Tal. Von St. Lorenzen verläuft die Strecke über etwa 30 km in Richtung Corvara. Abstecher ins stille Tal von Enneberg, in das Campilltal oder in das Wengental vermitteln Impressionen von der überwältigenden Naturschönheit der Dolomiten.

Besonders schönes Ausflugsziel ist die von Stern via Gondel erreichbare **Pralongia Alm** auf über 2000 m Höhe. **Enneberg**, eine Ortschaft abseits des Massentourismus, gilt als die älteste Pfarrei des Gadertales. Von hier gelangt man über das Rautal in den ursprünglichen **Naturpark Fanes-Sennes-Prags**. Zahlreiche Sportmöglichkeiten und der Anschluss an das Skigebiet der Dolomiten bieten gute Voraussetzungen für Aktiv-Urlaub.

Corvara (1568 m) ist wohl das bekannteste Wintersportzentrum der Dolomiten mit entsprechend denaturierter Landschaft: Das Spinnennetz von Seilbahnen und Liften und die hochgezogenen Bettenburgen bieten zwar optimale Ski-Konditionen, aber leider nur noch wenig Ursprünglichkeit. Trotzdem: Das Bergpanorama der Dolomiten bleibt fantastisch, angelegte Klettersteige sind willkommene Unterstützung bei alpinen Bergtouren. Neu 1996: die 9-Loch-Golfanlage in Corvara, eingerahmt vom fantastischen Bergpanorama.

Der hübsche Ort **St. Lorenzen** liegt am Eingang des Gadertals auf 810 m Höhe. Seine Anfänge reichen bis in die vorrömische Zeit zurück. Viele Sportmöglichkeiten, darunter auch Kanutouren auf der Rienz, werden von der Gemeinde angeboten. Besonders sehenswert: die Kirche St. Lorenzen mit aus der Pacher-Schule stammenden Fresken und Madonna mit Kind von Meister Michael Pacher.

Hotels/andere Unterkünfte

Almhof Call
Mondänes Wellnesshotel zum Rundum-Verwöhnen. Felsenbad, Reitstunden, Sportangebote.
39030 St. Vigil in Enneberg;
Tel. 0474/501043, Fax 501569;
30 Zimmer ★★★★

Maierhof
Einige Zimmer und vier Ferienwohnungen sind in dem idyllischen, 250 Jahre alten Gadertaler Bergbauernhof zu mieten. Hier wohnt man in luftiger Höhe auf 1553 m über dem ladinischen Bergdorf Wengen.
Coz 46, 39030 Wengen; Tel./Fax 0471/843171; 2 Zimmer, 4 Wohnungen ★

Sonnenburg
Der frühere Wohntrakt der Äbtissin dieses ehemaligen Benediktinerinnenstifts wurde zum Schlosshotel ausgebaut.
Sonnenburg 38, 39030 St. Lorenzen;
Tel. 0474/474099, Fax 474049;
32 Zimmer ★★★

Sehenswertes

Naturpark Fanes-Sennes-Prags
Auf einer Wanderung in der Berglandschaft mit großem Fauna- und Florareichtum kann man u. a. noch Murmeltiere sehen.
Anfahrt über Enneberg

Service

Auskunft
Tourismusverein Corvara
Col Alt Str. 36, 39033 Corvara;
Tel. 0471/836176, Fax 836540

Tourismusverein St. Lorenzen
Josef-Renzler-Str. 9, 39030 St. Lorenzen;
Tel. 0474/474092, Fax 474106

Gsieser Tal

■ E 7, S. 119

Bei Welsberg zweigt die Pustertaler Hauptstraße Richtung Nordosten in das ruhige, sanft ansteigende Gsieser Tal ab. Wälder, Wiesen, Weiler und runde Bergkuppen prägen das Tal, das um seinen entlegensten Ort **St. Magdalena** Hochgebirgscharakter annimmt. Wandern und Wintersport werden hier groß geschrieben. Ein besonderes Erlebnis ist das Gsieser Almhüttenfest im September.

Hotels/andere Unterkünfte

Blaslerhof
Vielleicht eines der schönsten Beispiele für »Urlaub auf dem Bauernhof«. Familie Steger kümmert sich sehr reizend um ihre Feriengäste, die in fünf Ferienwohnungen und einigen Zimmern eine bäuerlich-behagliche Unterkunft finden – Familienanschluss garantiert.
St. Martin 7, 39030 Gsies; Tel. 0474/78440; 6 Apartments, 3 Zimmer ★★

Essen und Trinken

Knödelmarathon
Direkt an der Langlauf-Loipe formieren sich zwölf Gasthöfe zum »Knödelmarathon«. Sie haben die Wahl: Pressknödel beim Brückenwirt, Blutknödel beim Kirchenwirt, im Badl die Topfenknödel oder die Speckknödel vom Kahnwirt …

Service

Auskunft
Tourismusverein Gsies
39030 St. Martin in Gsies;
Tel. 0474/97 84 36, Fax 97 82 26

Innichen

■ E 7, S. 119

3100 Einwohner

Am Ausgang des Sextentals liegt dieser reizvolle Ort. 769 vermachte Bayernherzog Tassilo III. die Region dem Abt Otto von Scharnitz zur Gründung eines Benediktinerklosters – kunsthistorischer Höhepunkt ist der »Innicher Dom« aus dem 13. Jh. »Ski Heil!« heißt es für Wintersportfans in den Skigebieten Haunoldhütte (2943 m) und Helm (2433 m).

Sehenswertes

Stiftskirche
Der »Innicher Dom«, erstmals im 8. Jh., dann nach einem Brand im 13. Jh. völlig neu errichtet, ist einer der bedeutendsten und seit seiner Restaurierung 1967 bis 1969 besterhaltenen romanischen Sakralbauten des gesamten Alpenraumes. Außerordentlich sehenswert sind die freigelegten spätromanischen Kuppelfresken (das Bildnis des Kaisers Otto I. mit Kirchenpatronen stammt von Michael Pacher), die säulenumstandene Krypta sowie die monumentale, überlebensgroße Kreuzigungsgruppe (um 1250).

Museen

Museum des Stifts Innichen
Das kleine Sakralmuseum im Schatten der ehrwürdigen Stiftskirche ist in einem der ältesten Häuser des Hochpustertals untergebracht. Domschatz, Handschriften- und Miniaturmalereisammlung sowie Dokumente zur Geschichte des Stifts lohnen einen Besuch. Kapitelhaus neben der Stiftskirche.
Juni–Mitte Okt. Do–Sa 17–19, So 10–11 Uhr; Eintritt 1,50 €

MERIAN-Tipp

Alm-Trekking im Gsieser Tal
Zwischen Juli und September organisiert die Alpinschule Pustertal Alm-Trekkings abseits bekannter Pfade: ohne Schutzhütten, Dusche und Cappuccino, dafür mit Übernachtung im Heu und bäuerlichen Mahlzeiten. Die 7-Tages-Tour vor der herrlichen Kulisse urtümlicher Täler, den Dolomiten im Süden und dem Venediger im Norden bringt viele Kontakte zu naturverbundenen Menschen und Einblicke in die über Jahrhunderte gleichgebliebene Almwirtschaft. Alpinschule Pustertal, Paul Sapelza, Bahnhofstr. 2, 39035 Welsberg; Tel. 0474/94 46 60, Fax 94 41 24 ■ E 7, S. 119

Mühlbach

■ D 6, S. 119

2500 Einwohner

An der Mühlbacher Klause, der alten Zollstation, endet das Eisack- und beginnt das Pustertal. Ein schmuckes Städtchen, dessen Ursprünge bis ins Jahr 1269 belegt sind. Die Ortsteile

Oben: Das Volkskundemuseum Dietenheim bei Bruneck gibt einen guten Einblick ins bäuerliche Leben der Region (→ S. 48).

Mitte: Die reich verzierten Fassaden der Bürgerhäuser in der malerischen Altstadt zeugen von der großen Vergangenheit Brunecks (→ S. 45).

Unten: Das landschaftlich reizvolle Antholzer Tal ist ein nördliches Seitental des Pustertals. Hier kann man ausgedehnte Waldspaziergänge unternehmen (→ S. 50).

Meransen und Vals sind beliebte Ziele für Sommerfrischler. Außerdem lockt in der alten Marktgemeinde ein besonderer kulinarischer Höhepunkt, das Restaurant Pichler.

Sehenswertes

Burg Rodenegg
Die imposante, über der Felsschlucht der Rienz gelegene Burg ist vor allem wegen des Eposhelden Iwein, dessen kämpferische Abenteuer auf zwölf berühmten Fresken festgehalten sind, eine Attraktion; die Fresken gehören zu den frühesten Darstellungen profaner Malerei.

Die ausgeklügelte Mechanik des Ziehbrunnens begeistert so manchen Technik-Fan.
Führungen Mai–Mitte Okt. 11 und 15 Uhr, Mo geschl.; Eintritt 1,50 €

Essen und Trinken

Pichler
Hier wird die neue Südtiroler Küche zelebriert. Da kommen parmesanbestreute Kürbisnocken oder mit Kastanien gespicktes Reh auf den gepflegten Tisch, dazu lokale Weine von ausgesuchter Qualität. Junges Management, pfiffige Bedienung. Lieblingslokal vieler Einheimischer, deshalb immer vorbestellen.
Katharina-Lanz-Str. 5; Tel. 04 72/84 94 58; Mo ganztägig und Di mittags geschl.
★★★ DINERS EURO VISA

Pragser Tal ■ D 7, S. 119

Südlich von Welsberg gelangt man zum idyllisch gelegenen, in einen tiefen Bergtrichter gebetteten **Pragser Wildsee** im Pragser Tal. Der schöne Spaziergang rund um den weitgehend naturbelassenen See führt durch steil abfallende, geradewegs ins Wasser stürzende Felswände und lichte Bergwälder.
Dauer: ca. 1 Std.

Hotels/andere Unterkünfte

Pragser Wildsee
Großes Haus mit Einkehrmöglichkeit für Wanderer.
St. Veit 27, 39030 Prags;
Tel. 04 74/74 86 02 Fax 74 87 52;
112 Zimmer ★★★ AmEx EURO VISA

Pusterer Sonnenstraße ■ B 7, S. 118

Nicht nur zur Hauptverkehrszeit ist die Panoramastraße auf Mittelgebirgsebene zwischen **Pfalzen** und **Terenten** eine gute Alternative: Die Ausblicke ins Tal und auf die Dolomiten sind superb. Außerdem lockt ein Abstecher zu den Erdpyramiden oberhalb von Terenten. Von Terenten aus hat man einen schönen Blick auf die Dolomiten.

Essen und Trinken

Schöneck M M
Versteckter Geheimtipp. Von außen eher unscheinbar, dafür sind drinnen heimeliges Ambiente und exzellente Südtiroler Küche der Spitzenklasse geboten.
Schloss-Schöneck-Str. 11, 39030 Mühlen/Pfalzen; Tel. 04 74/56 55 50; Mo und Di mittags geschl.; Reservierung notwendig
★★★ AmEx DINERS EURO VISA

Tanzer
Feinste Südtiroler Küche mit Gourmet-Ambiente.
39030 Issing/Pfalzen;Tel. 04 74/56 53 66; Di und Mi mittags geschl.; Reservierung empfohlen ★★★ AmEx EURO VISA

Sand in Taufers ■ C 6, S. 118

4700 Einwohner

Mit den umliegenden Ortschaften Mühlen, Kematen, Ahornach und Rein ist die stattliche Fremdenverkehrsgemeinde der Hauptort des **Tauferer Ahrntals** (→ S. 56).

Überschattet vom mächtigen Burgfelsen von Schloss Taufers, eingebettet in Waldhänge, Almen und Schneegipfel der umliegenden Gletscher, bieten sich für Wanderfreunde Ziele aller Schwierigkeitsgrade an. Von Dezember bis Mitte März kommen Skifreunde auf ihre Kosten. Und wer echte kunsthandwerkliche Arbeiten schätzt, wird hier auch fündig.

Hotels/andere Unterkünfte

Schlosshotel Schrottwinkel
Direkt im Ortskern, umgeben von einer gepflegten Parkanlage. Tolle Sportangebote vom Trimmpfad bis zu Tennisturnieren für Hausgäste, Fitnessraum. Organisierte Rafting- und Mountainbike-Touren.
Ahrntaler Str. 14; Tel. 04 74/67 81 00, Fax 67 92 12; 32 Zimmer ★★★

Sehenswertes

Kaskaden der Reinbachfälle
Von Sand in Taufers führt eine steile, jedoch gut ausgebaute Straße ins Reintal. Hier bieten die kaskadenartig über senkrechte Felsen herabschießenden Wasserfälle des Reinbachs von der schwankenden Toblerbrücke in 40 m Höhe ein grandioses Naturschauspiel.

Schloss Taufers
Die Burganlage thront auf 957 m vor den Firngipfeln der Zillertaler Alpen, bis ins Jahr 1250 geht ihre Geschichte zurück. In der Romanik errichteten die Herren von Taufers die Hauptburg, die in der Gotik durch die Bischöfe von Brixen erweitert wurde. Schöne Einblicke in die damalige Lebensart der Burgherren bietet die Führung: eine architektonische Reise vom 12. bis 17. Jh., die von Gerichtssaal, Speisezimmer, Folterkammer und Waffensaal in die Burgkapelle mit spätgotischen Fresken von Michael Pacher und in den prachtvollen Rittersaal führt. Gruseliger Höhepunkt ist das holzgetäfelte Geisterzimmer, in dem allnächtlich der Geist einer ehemaligen Schlossherrin um den am Hochzeitstag gemeuchelten Gatten weinen soll ... Achtung: Burg Taufers zieht jedes Jahr tausende von Besuchern an. Kommen Sie möglichst am Morgen, es lohnt sich.
Führungen Jan.–Mitte Juni Di, Fr, So um 15 Uhr, bis Ende Okt. mehrmals tgl. 10–16.30 Uhr; Eintrittt 3 €

Museen

Pfarrmuseum
Nördlich des Pfarrhauses wurde in einem gotischen Kornspeicher ein kleines Museum eingerichtet, das

Ein beliebtes Ausflugsziel ist der Pragser Wildsee. Über einen gut gesicherten Holzsteg kann man rundherum wandern.

sakrale Kunst umliegender Kirchen und Kapellen von 1650 bis heute ausstellt – bei liturgischem Bedarf holt man einige Exponate zum Gebrauch.
An der Pfarre; Juni bis Mitte Okt. So 17–18.30, Juni/Aug. So und Do 17–18.30 Uhr

Essen und Trinken

Feldmüllerhof
In dem kleinen Restaurant, das zu einem modernen Hotel gehört, wird mittags à la carte, abends ein Degustationsmenü in der Blauen Stube serviert. Die Speisekarte geht mit den Jahreszeiten, zu den Gaumenfreuden gesellen sich ausgesuchte Weine aus dem gut sortierten Weinkeller.
Schlossweg 9; Tel. 0474/678127; Mo geschl.; Reservierung empfohlen
★★★ EURO VISA

Gasthof Alte Mühle
Ländlicher, gemütlicher Familienbetrieb. Spezialität: hausgemachte Pasta.
St. Moritzen 1–2; Tel. 0474/678077; Di geschl. ★★

Service

Auskunft
Tourismusverein Sand in Taufers
Jungmannstr. 8, 39032 Sand in Taufers; Tel. 0474/678076, Fax 678922

Sexten ■ F 7, S. 119

1900 Einwohner

Der südöstlich von Innichen, unweit der österreichisch-italienischen Grenze gelegene Ort ist ein bedeutendes Ferienzentrum. Das paradiesische, nur auf Schusters Rappen erreichbare **Fischleintal** ist Ziel naturverbundener Wanderer. Sexten ist zudem der optimale Ausgangspunkt für Ausflüge in den Naturpark **Sextener Dolomiten**. Skisportler finden den Anschluss ans Skigebiet der Dolomiten.

Begehrt sind besonders in der Vorweihnachtszeit die Erzeugnisse der **Krippenschnitzer**.

Tauferer Ahrntal ■ C 7, S. 118

Verlässt man bei Bruneck die Hauptader des Pustertals in nördlicher Richtung, gelangt man in eines der schönsten Hochtäler Südtirols, in das **Tauferer Tal**, das hinter Schloss Taufers in das abgelegenere **Ahrntal** übergeht. Beide werden touristisch als Tauferer Ahrntal zusammengefasst und bilden den längsten Nebenarm des Pustertals.

Wandern im Wiesengrund oder hoch hinauf in felsige Gletscherregionen, dazu zahlreiche Sport- und Freizeitmöglichkeiten locken viele Gäste an die Sonnenseite der Zillertaler Alpen. Ski total ist für Wintersportler am Speikboden zwischen Dezember und Mitte März angesagt.

Das **Ahrntal** ist ein klassisch schönes Gebirgstal – Bergwiesen, einsame Höfe und verträumte Almen, schmucke Bergdörfer prägen die Landschaft. Masken- und Wurzelschnitzer pflegen überall im Tal die uralte Tradition des Schnitzhandwerks, Bauersfrauen bringen lange Winterabende auch heute noch mit der Spitzenklöpplerei zu.

Der kleine Ort an der Talmündung, **Gais** (836 m), ist besonders wegen der Pfarrkirche St. Johannes einen Stopp wert.

Der Hauptort des Tals, **Sand in Taufers** (→ S. 54), bietet sich für einen gesonderten Ausflug an.

Hotels/andere Unterkünfte

Schloss Neuhaus ■ C 6, S. 118
Einfach, aber romantisch wohnt man in diesem mittelalterlichen Schloss. Für Brettljause und Trank ist die Burgschenke zuständig, unter Kasta-

nienbäumen schmeckt die Brotzeit besonders gut.
Gaiserberg 1, 39030 Gais; Tel. 0474/504222, Fax 671778; 10 Zimmer ★★★

Sehenswertes

Lehrpfad Prettauer Bergbau ■ D 5, S. 119
Der Ort Prettau (1480 m) am von 14 Dreitausendern gekrönten Talschluss diente seit Mitte des 15. Jh. dem Kupferbergbau im großen Stil. Die Geschichte des Prettauer Bergbaus lässt sich auf einer Rundwanderung in der Umgebung und im Besuchertrakt des 1971 endgültig stillgelegten Bergwerks erkunden.
April–Nov. Di–So 9.30–16.30 Uhr

Service

Auskunft
Tourismusverein Ahrntal ■ C 5, S. 118
Dorfplatz 160, 39030 St. Johann/Ahrntal; Tel. 0474/671257, Fax 671744

Toblach ■ E 7, S. 119

3200 Einwohner

Der kleine Ort hält mit dem **Höhlensteintal** eine Attraktion der besonderen Art bereit: Von Toblach fährt man durch das enge, etwa 15 km lange Höhlensteintal bis in die italienischen Dolomiten um Cortina d'Ampezzo. Besonders beeindruckend ist der Gegensatz zwischen dem satten Grün des Pustertals und den schroffen Felswänden der Drei Zinnen. Beliebte Ausflugsziele sind der türkis schillernde **Toblacher See** und der idyllisch 14 km talaufwärts gelegene **Dürrensee**, der zu den schönsten Seen in den Dolomiten zählt.

Hotels/andere Unterkünfte

Baur am See
Traumhafte Lage direkt am Wasser, man kann auch Apartments mieten.
Toblacher See 2, 39034 Toblach; Tel. 0474/972106, Fax 972633 ★★★

Sehenswertes

St. Johann
Ein bedeutendes Zeugnis des Spätbarock ist die Pfarrkirche mit dem herrlichen Tabernakel des Hochaltars und wunderschönen Deckengemälden.

Essen und Trinken

Enzianhütte
Im Silvestertal wird die Einkehr im Wahlener Gasthof Enzianthres oft unfreiwillig lang. Grund: der hervorragende Enzian- und Wacholderschnaps, der hier gebrannt wird.
Wahlen; Tel. 0474/979072; Mo geschl. ★★

Welsberg ■ D 7, S. 119

Schon Hugo von Hoffmannsthal und Arthur Schnitzler suchten hier die Sommerfrische. Ausgangspunkt schöner Höhenwanderwege und Ausflüge ins Pragser Tal sowie zum romantischen Pragser Wildsee. Lohnenswert ist der Aufstieg zur Taistner Alm und der Weg von Welsberg über Schloss Welsberg nach **Taisten**.

Hotels/andere Unterkünfte

Apartments Landhof ■ D 7, S. 119
Familienfreundlicher Bauernhof, ideal zum Wandern und Rad fahren.
Sonnenstr. 15 c, 39035 Taisten; Tel. und Fax 0474/950031; 2 Ferienwohnungen ★★

Sehenswertes

St. Georg ■ D 7, S. 119
Spätgotische Kirche in Taisten, gegen Ende des 15. Jh. erbaut. Beachten Sie die kunstvollen Fresken des Pacher-Schülers Simon von Taisten (Schlüssel im Nebenhaus).

Palmen, Promenaden, pulsierende Lebenslust: Die Kurstadt bietet mannigfache Möglichkeiten, die Sommerfrische stilvoll zu genießen. Doch auch im Winter ist Meran beliebtes Ziel.

Meran

■ E 3, S. 117

34 000 Einwohner
Stadtplan Klappe hinten

Burggrafenamt – der altertümlich anmutende Name fürs Meraner Land – stammt aus dem Mittelalter, als dem Burggrafen von Schloss Tirol Gerichts-, Aufgebots- und Steuerbezirk der Umgebung samt der einmündenden Seitentäler unterlag.

Seine geschützte Lage verdankt Meran dem hohen Gebirgswall der **Texelgruppe** (Ötztaler Alpen), die das Talbecken nach Norden abschirmt; im Nordosten schneidet das **Passeiertal** tief in die Berghänge Richtung Ötztaler Alpen, nach Osten schließt sich die **Haflinger Hochebene** an, mit schönen Almen und weit verstreuten Berghöfen. Im Westen öffnet sich das bis zum zentralen Ortlermassiv vordringende **Ultental**.

Die klimatisch traumhafte Lage in Südtirol brachte dem Burggrafenamt einen wahren Bauboom, der eine starke Zersiedlung der alten Kulturlandschaft auslöste; erst durch einen Baustopp konnte dieser Entwicklung 1981 Einhalt geboten werden. Jetzt besinnt man sich auf die Pflege alter Bausubstanz.

Die Weingegend um **Terlan**, geografisch eigentlich dem Unterland

Beliebt nicht nur bei Sommerfrischlern: Die alte Kurstadt Meran ist rund ums Jahr eine Reise wert.

zugeordnet, ist ein besonders attraktives Reiseziel zur Spargelzeit im Mai.

Die Kurstadt an Passer und Etsch zeigt Charme und Weltläufigkeit wie keine andere Südtiroler Metropole. Hier wird man von Sonne und milder Bergluft verwöhnt und von der Grandezza vergangener Jahrhunderte verzaubert.

Hier erwacht der Frühling früher, verlockt der Sommer zu Wanderungen in Wiesen, Wäldern und Bergeshöhen; der Herbst strahlt, gekrönt von üppigem Obstsegen, in goldenen Farben, im Winter bieten die Skigebiete der Region, allen voran Meran 2000 und das Schnalstal, zahlreiche Wintersport-Möglichkeiten.

Bekannt und viel gerühmt sind die Kuren: Radon-Thermalbäder, Schlammbäder, Traubenkur – Wundermittel oder »nur« köstlicher Genuss? Vom Pferderennen bis zu den bekannten internationalen Musikwochen wird jede Menge Abwechslung geboten – Meran ist ein Eldorado für Romantiker und Kulturinteressierte, Wandersleute und Gourmets: so, dass das Vorurteil von überalterter Klientel, die hier lustwandelnd die Zeit verträumt, ins Reich der Märchen rückt, zumindest teilweise ...

Ein erster Bummel durch die Stadt zeigt einen noch gut erhaltenen mittelalterlichen Kern mit der Laubengasse und ihren Arkadengängen, darüber die Erker stolzer Bürgerhäuser. Rauschende Zeiten erlebte die Stadt im letzten Jahrhundert, als die Heilkraft der Mineralquellen der Stadt dem Provinzstädtchen einen kometenhaften Aufstieg zu einem der ersten Kurhäuser Europas bescherte. Sisi mit ihrem Kaisergatten weilte hier ebenso wie andere gekrönte Häupter und (Geld-)Adel von überall her. Noblesse und Flair sind geblieben, doch das Publikum ist im Wandel der Jahre jünger und aktiver geworden ...

Hotels/andere Unterkünfte

40 000 Gästebetten stehen im Meraner Land für Urlauber bereit. Ein Schmankerl: Die Tourist-Card bekommt man vom Gastwirt, darauf gibt es viele aktuelle Infos und Ermäßigungen für Seilbahnen.

Castel Freiberg ■ E 3, S. 117
Vom Park des herrschaftlichen Ansitzes aus dem 14. Jh. hat man einen traumhaften Blick über Meran und die Umgebung. Schönes, stilgerechtes Ambiente, behaglich und etwas abgeschieden.
Labersstr. 13, 39012 Meran/Freiberg; Tel. 0473/244196, Fax 244488; 36 Zimmer ★★★★
AmEx DINERS EURO VISA

Hotel-Residence Villa Maria ■ f 3
Ferienwohnungen mit luxuriösem Ambiente. Guter Ausgangspunkt für Wanderungen, 10 Min. vom Zentrum.
St. Georgenstr. 37; Tel. 0473/236600, Fax 234333; 15 Apartments für 2–6 Personen ★★★

Schloss Labers östlich ■ f 6
Viel besuchtes Schlosshotel in Obermais mit einem schönen Park, Tennisplatz und Schwimmbad. Im Sommer frühstückt man im Garten, im Winter wird im Rittersaal getafelt.
Labersstr. 25; Tel. 0473/234484, Fax 234146; 32 Zimmer
★★★ AmEx DINERS VISA

Villa Fanny ■ e 4
Einst das herrlich an der Winterpromenade gelegene Haus einer Tänzerin, öffnet die 1850 erbaute Villa heute ihre kleinen, mit schönem altem Mobiliar bestückten Räume für Gäste. Das Passer-Rauschen zum Frühstück auf der Terrasse bekommt man gratis dazu.
Gartenweg 2; Tel. 0473/233520; 14 Zimmer ★★

Spaziergang

Was wäre Meran ohne seine Promenaden: Ganze 50 km erschließen das Stadtgebiet auf reizvollste Weise. Man schlendert über die Thermenallee entlang der Passer, die sich von der Theaterbrücke am Kurhaus vorbei bis zur Postbrücke erstreckt. Hier sollte man der **Spitalkirche zum Hl. Geist** einen Besuch abstatten. Von der Postbrücke aufwärts beginnt am rechten Ufer die **Winterpromenade** mit ihrer 100 m langen Wandelhalle, die mit hübschen Landschaftsbildern des Meraner Kunstmalers Franz Lenhart bemalt ist. Die Winteranlage ist durch eine kleine Brücke mit der **Sommerpromenade** verbunden; ein hübsches Denkmal erinnert hier an Kaiserin Sisi.

Entlang der Winterpromenade wachsen dicht an dicht Palmen, Bananenstauden und Bäume, die das mediterrane Flair Merans unterstreichen. Jenseits des Steinernen Steiges beginnt die romantische **Gilfpromenade** und die **Tappeiner Promenade**. Besonders hübsch sind die gartenähnlich angelegten Stadtteile Obermais, Untermais und Gratsch mit ihren burgähnlichen Ansitzen inmitten prachtvoll angelegter Parks.
Dauer: 2–3 Std.

Sehenswertes

Landesfürstliche Burg c 2
Im mittelalterlichen Schlösschen, früher der Sitz der Fürsten von Tirol, sind besonders die fast vollständig erhaltene Einrichtung aus gotischer Zeit, die Kapelle mit spätgotischen Fresken (um 1450) und der hübsche Innenhof sehenswert.
Galileistraße; Di–Sa 10–17, So 10–13 Uhr; Eintritt 1,15 €

Meraner Kurbad b 5
Ob ins subtropisch umrahmte olympische Freibad (Mai–Sept.), ins Thermal-Hallenbad, in die Sauna oder zum Verwöhnen-lassen in die Kurabteilung – ein Besuch lohnt sich allemal.
Piavestr. 9; Tel. 0473/237724; Di–Fr 8–12, 15–22, Mo und Sa 9–12, 15–19 Uhr

Schloss Rametz östlich f 6
Schöne, 1200 erbaute Anlage. Heute Weinkellerei mit Weinverkostung und Führung.
Plantastraße (östlich des Zentrums über Schennastraße); Mo–Fr 16.30 Uhr

Spitalkirche zum Hl. Geist c 4–5
Die spätgotische Kirche aus rotem und gelbem Sandstein am linken Passerufer im Stadtteil Untermais ist Merans kunsthistorisch interessanteste Kirche. Sie wurde 1271 erbaut und nach einem katastrophalen Dammbruch, der die Kirche fast vollständig zerstörte, 1431 neu errichtet. Imposant ist die klar gegliederte, gotisch strenge Raumaufteilung, der Chor mit schönem Sternrippengewölbe und der spätgotische Altar (Jörg Lederer).
Cavour/Ecke Romstraße

St. Nikolaus d 3
Das Wahrzeichen Merans mit seinem 80 m hohen Turm beeindruckt u. a. durch die Steinskulptur des Hl. Nikolaus (um 1350) und den gotischen Flügelaltar (um 1500). Werfen Sie auch einen Blick in die achteckige gotische **Barbarakapelle**. Zwischen Chor und Barbarakapelle führt eine schmale Treppe zum Tappeiner Weg.
Laubengasse

Tappeiner Weg b 1–e 2
Er gilt als der König aller Meraner Spazierwege. Der Bau des über 4 km langen, ebenen Spazierwegs hoch über den Dächern der Stadt wurde 1892 von Franz Tappeiner in Angriff genommen, einem großen Förderer der Stadt und leidenschaft-

lichen Botaniker. Neben der einheimischen Flora findet man hier einen verschwenderischen Reichtum an mediterraner und subtropischer Vegetation, Lorbeer, Mimosen und Kakteen, Pinien und Zypressen.

Museen

Museum für Kleid und Tand ■ c 3
»Die Frau im Wandel der Zeit«. Das Museum birgt eine umfangreiche Sammlung von Frauenmode und Accessoires ab 1870 bis in die Gegenwart.
Laubengasse 66, im 1. Stock; ab März Mo–Fr 9.30–12.30, 14.30–18.30, Sa 9.30–13 Uhr; Eintritt 2,50 €

Stadtmuseum ■ b 2
Gemälde alter und moderner Tiroler Meister, gotische Skulpturen, Kunsthandwerk, dazu Exponate zu den Themen Urgeschichte und Mineralogie.
Galileistr. 43; Di–Sa 10–17, So 10–13 Uhr; Eintritt 1,15 €

Essen und Trinken

Andrea ■ c 2
In zentraler Lage findet man das seit 1989 von Michelin gekrönte Restaurant, in dem Chef Walter Oberrauch kulinarische Köstlichkeiten auf den Tisch zaubert. Die unbestrittene Nummer eins in Meran.
Galileistr. 44; Tel. 0473/237400; Mo geschl. ★★★★
AmEx DINERS EURO VISA

Café Palmengarten ■ c 4
Jugendstil-Café im Kurhaus Meran. Im Sommer sitzt man auf der Kurhausterrasse am Musikpavillon. Gut zum Sehen und Gesehenwerden.
An der Kurpromenade ★★

Flora ■ c 3
Hier kocht der Chef Konrad Hofer für Gourmets.
Laubengasse 75; Tel. 0473/231484; So geschl. ★★★★
AmEx DINERS EURO VISA

Hilber Keller ■ E 2, S. 117
Über ein Jahrtausend belieferten die Weinbauern vom Hilberhof die Bischöfe von Freising mit besten Weinen. Heute wird hier kräftig »getörggelt«, Almkäse, Liptauer und Räucherfleisch sind gerade recht als Grundlage. Schöner Garten, etwas kitschiger Keller.
4 km außerhalb von Meran, 39012 Meran/Kuens ★★

König ■ a 3
Kaffee- und Kuchenparadies.
Freiheitsstr. 168

MERIAN-Tipp

Waalwandern Die schönsten Wanderungen führen entlang der alten Südtiroler Wasserwege – besonders eindrucksvoll im Herbst, wenn die Mispeln leuchten und die Edelkastanien ihre »Keschten« abwerfen, die wie pelzige, braune Stachelfrüchte aussehen. Die bekanntesten Waalwege sind der Algunder und der Marlinger Waalweg – er verläuft angenehm kühl an der Nordseite, vorbei an Steilhängen und Farnfeldern zum Schloss Lebenberg (12. Jahrhundert), wo ein Dutzend Steige zusammentreffen. Der Kuenser Waal ist ein Rundweg von 1800 m Länge, wild und romantisch, über Finebach und Passer.

Onkel Taa ■ E 2, S. 117
Besitzer und Koch des musealen, mit hunderten Bildern, Fotos und anderen Erinnerungsstücken gespickten Restaurants ist Karl Platino, der Bio-Gemüse aus dem Garten und gebratene Schnecken aus eigener Zucht serviert. Wie wäre es mit einem Dessert aus Mohnkrapfen zum Feigenkaffee?
39012 Meran/Töll; Tel. 0473/967342; Mo geschl.; Reservierung unbedingt notwendig ★★★

Promenade ■ b 4
Nettes Café direkt an der Passerpromenade, im Wiener Kaffeehaus Stil eingerichtet.
Passerpromenade

Santer Klause ■ e 3
Alt-Meraner Gaststätte mit holzgetäfelten Stuben und Kachelofen aus dem 16. Jh.
Am Passeiertor 34; Tel. 0473/234086; Do geschl. ★★

Einkaufen

Hutter ■ b 3
Wollten Sie sich schon immer einmal einen Hut kaufen? Hier sollten Sie zuschlagen, schöne Trachtenhüte aus alteingesessener Werkstatt.
Laubengasse 16

Matt ■ d 3
Erlesene Lederwaren.
Leonardo-da-Vinci-Str. 20

Siebenförcher westlich ■ a 2
Hier kauft man Speck und Geräuchertes aus handwerklichem Meisterbetrieb.
Laurinstr. 59

Südtiroler Werkstätten ■ c 3
Garantiert kein Kitsch, sondern Südtirol-Souvenirs mit Echtheits-Garantie.
Sparkassenstr. 22

Wielander westlich ■ a 5
Wer sich etwas vom Mittelmeerzauber Merans in den heimischen Garten mitnehmen will, hat in dieser Gärtnerei von Oleander bis Palmen eine Riesenauswahl.
Marlinger Str. 19 (linkes Passerufer)

Zuber ■ c 3
Hier kauft man Lederhosen und Dirndl aus der eigenen Nähstube, außerdem die original Meraner Hüttenschuhe.
Laubengasse 177

Am Abend

Apollo Kino südlich ■ b 6
Aktuelle Filme in deutscher Sprache.
Matteottistr. 22; Tel. 0473/237526

Künstlerklause ■ b 3
Gediegenes Lokal mit Holzhütten-Atmosphäre. Gut für einen gemütlichen Plausch und zum Sehen- und Gesehenwerden.
Rennweg 2 b; tgl. außer So 19–2 Uhr

Rafflheller ■ d 3
Pub im Herzen der Altstadt in rustikalem Kellergewölbe. Abwechselnd Mittwoch, Freitag und Samstag Livemusik.
Pfarrplatz; Mo–Sa 21–2 Uhr

Theater in der Altstadt ■ b 3–4
Jazz, Konzerte, Kabarett und experimentelle Musik sowie jährlich sechs bis acht Eigenproduktionen machen dieses Theater zum kulturellen Treffpunkt Merans.
Freiheitstr. 27; Tel. 0473/211623; Eintritt 7,50 €

Service

Auskunft
Tourismusverein Meran ■ b 3
Freiheitsstr. 35, 39012 Meran; Tel. 0473/235223, Fax 235524

Oben: Die stimmungsvollen Arkadengänge der Meraner Lauben eignen sich auch gut für einen Plausch.

Mitte: Südtirol ist ein Land der Berge – sehr zur Freude der Wanderurlauber. Von den Bauern jedoch erfordern die steilen Bergwiesen noch viel mühsame Handarbeit.

Unten: In der Pfarrkirche Niederlana kann man den größten gotischen Schnitzaltar der Alpenregion bewundern – ein wahrhaft imposantes Bilderbuch christlicher Mythologie. Er heißt nach seinem Baumeister Schnatterpeck (→ S. 66).

Tourismusverband
Meraner Land südlich ■ d 6
Maria-Trost-Str. 5, 39012 Meran;
Tel. 0473/212404, Fax 210636

Ziele in der Umgebung

Algund ■ E 3, S. 117

4000 Einwohner

Westlich von Meran, am Fuß der Texelgruppe, die Meran nach Norden hin schützt, liegt inmitten von Weingärten und Obstwiesen Algund. Beachtlich ist eine der wenigen modernen Sehenswürdigkeiten Südtirols: die neue Pfarrkirche mit ihrem architektonisch sehr eigenwillig ausgeführten Glockenturm, der 70 m in den Himmel ragt. Algund ist ein guter Ausgangspunkt zum Waalwandern (→ MERIAN-Tipp, S. 61). Nehmen Sie den Algunder Waalweg, der mit schönen Ausblicken ins Etschtal belohnt. Er führt von Oberplars durch Kastanienhaine und Föhrenwälder bis zum Ende des Tappeiner Weges.

Hotels/andere Unterkünfte

Maratscher
Neun gemütliche Zimmer mit herrlichem Blick ins Tal; große Sonnenterrasse für die Hausgäste, Schwimmbad und Sauna.
Mitterplars 30; Tel. 0473/448469

Essen und Trinken

Leiter am Waal
Gasthaus mit kleiner, feiner Karte.
Mitterplars 26; Tel. 0473/448716;
Mo abends und Di geschl. ★★

Service

Auskunft
Tourismusverein Algund
Alte Landstr. 33b, 39022 Algund;
Tel. 0473/448600, Fax 448917

Burgstall ■ E 3, S. 117

Zwischen Meran und Bozen liegt im mittleren Etschtal dieser schon im Mittelalter als fruchtbar gepriesene Ort auf 268 m Höhe – Obst und Wein gedeihen hier in Hülle und Fülle. Eine Seilbahn führt nach **Vöran** bis auf 1200 m an den Rand des Tschögglbergs, der besonders Richtung **Mölten** viele Wandermöglichkeiten und einen schönen Blick über das Etschtal bietet.

Museen

Tiermuseum Burgstall
→ Mit Kindern unterwegs, S. 69

Dorf Tirol ■ E 2, S. 117

Etwa 2200 Einwohner, 3700 Gästebetten – ein Verhältnis, das einiges über das herausgeputzte Dorf auf dem Küchelberg sagt, das zu einer der ältesten Siedlungen des Burggrafenamtes zählt. 50 km Wanderwege bis hinauf in den Naturpark der Texelgruppe bieten sich an, dazu eine Vielzahl von Sportmöglichkeiten und viele familienfreundliche Urlaubsangebote.

Hotels/andere Unterkünfte

Marini
Komfortabler Familienbetrieb in zentraler Lage und dennoch etwas abseits vom Rummel. Zimmer mit wunderbarem Blick ins Tal, der Garten beliefert das tägliche Salatbuffet.
Hauptstr. 28; Tel. 0473/923666,
Fax 923177; 22 Zimmer ★★★

Tiroler Kreuz
In einmaliger Panoramalage findet man am Eingang des Spronsertales das gutbürgerliche Gasthaus mit blumenübersäter Sonnenterrasse, tollem Blick zum Meraner Hausberg

Ifinger (2600 m), nach Meran und ins Etschtal. Schwimmbad. Südzimmer mit Balkon verlangen.
Haslachstr. 117; Tel. 0473/923304;
16 Zimmer ★★

Villa Hochland
Gepflegtes, renoviertes Hotel im Villenstil an der Tappeinerpromenade, mit Pool und Panoramaterrasse.
Zenoburgstr. 22; Tel. 0473/237636,
Fax 237033; 10 Zimmer (3 Suiten)
★★★

Sehenswertes

Schloss Tirol
Hoch über Meran thront das Schloss an einem der schönsten Plätze des südlichen Alpenhauptkammes. Das »Herz von Tirol«, im 12. Jh. als Stammsitz der Grafen von Tirol erbaut, die im Mittelalter Meran zur Landeshauptstadt machten und der ganzen Region von Bayern bis zum Trentin den (Namens-)Stempel aufdrückten. Als Tirol an die Habsburger ging, verlor die Anlage ihre machtpolitische Bedeutung.

Sehenswert sind das reliefverzierte romanische Portal aus dem 12. Jh. und die über und über mit Fresken bemalte Schlosskapelle sowie die älteste Abbildung des Tiroler Adlers auf einem Wandbild um 1330 (Zenoburg). Das Schloss ist in einem 20-minütigen Fußweg vom Dorf Tirol aus zu erreichen.
Mitte März–Mitte Nov. Di–So 10–17 Uhr;
Eintritt 2,50 €

Museen

Landwirtschaftliches Museum
In der Brunnenburg aus dem 13. Jh., unterhalb von Schloss Tirol gelegen, ist eine schöne Sammlung bäuerlicher Gerätschaften zu sehen. Auch Foto- und Sonderausstellungen.
Ostern–Anfang Nov. Mi–Mo
9.30–17 Uhr; Eintritt 1,50 €

Essen und Trinken

Zur Dorfmühle
Kleiner Törggelekeller am Wegesrand, wo auch die Winzer der Gegend in ihren blauen Schürzen auf ein Gläschen vorbeischauen.
Haslachstr. 16; Tel. 0473/923606;
tgl. außer Di 16–24 Uhr, Mo und Do Stimmungsmusik

Sandgruberhof
Top-Adresse für stimmungsvolles Törggelen, dienstags Musik.
Schlossweg 20; Tel. 0473/923513;
Mo geschl. (außer Okt.)

Service

Tourismusverein Dorf Tirol
Tel. 0473/923314, Fax 923012

Hafling/ Meran 2000

■ E 2–3, S. 117

Das Hochplateau um Hafling, Heimat der robusten Pferderasse, erreicht man auf der neuen Panoramastraße von Meran in knapp 15 Minuten; Wiesen und Wälder prägen die weitläufige Hochebene, so dass Wanderer hier bequeme Wege finden. Per Seilbahn hat man Anschluss an das Ski- und Wandergebiet **Meran 2000**.

Hotels/andere Unterkünfte

Gasthof Sulfner
Familienfreundlicher Reiterhof in St. Kathrein. Sauna, Schwimmbad, Massagen.
Hafling, St. Kathrein-Str. 4;
Tel. 0473/279424, Fax 279525;
20 Zimmer ★★★

Essen und Trinken

Gasthof Meßnerwirt
Das beliebte Ausflugsziel der Meraner wartet nachmittags mit hausge-

machten Kuchen und abends mit gutbürgerlichem Essen auf.
Kirchweg 2; Tel. 0473/27 94 93 ★★

Lana
■ E 3, S. 117

9050 Einwohner

Die zypressengesäumte Ortschaft lebt vom Ertrag seiner schier endlosen Apfelbaumkulturen und vom Zustrom der Südtirol-Urlauber. Zur Gemeinde Lana gehören **Völlan** (650 m) und das nur per Schwebebahn oder zu Fuß erreichbare **Vigiljoch** (1550 m).

Hotels/andere Unterkünfte

Pension Rebgut
Hier wohnt man inmitten von Weinreben.
Brandisweg 3; Tel. 0473/56 14 30; 10 Zimmer ★★★

Sehenswertes

Pfarrkirche Niederlana
Die von außen recht schmucklose Kirche birgt den größten, etwa 14 m hohen, geschnitzten Flügelaltar des Alpenraumes, ein Meisterwerk des schwäbischen Künstlers Hans Schnatterpeck mit zum Teil menschengroßen Figuren. Die Besichtigung ist nur mit Führungen möglich, die montags bis samstags stündlich von 9.30 – 11.30 und 14–17 Uhr stattfinden.
Eintritt 1 €

Museen

Südtiroler Obstbaumuseum
Im verwinkelten Ansitz Larchgut kann man bäuerliches Handwerkszeug, darunter auch die älteste Torggl (Weinpresse) Südtirols aus dem Jahr 1570, bestaunen.
Brandis-Waalweg 4; April–Ende Okt. Di–Sa 10–12 Uhr und 14–17, So 14–18 Uhr; Eintritt 1,75 €

Essen und Trinken

Buschenschank Ausserhof
Ausflugsziel zur Törggelenzeit.
Pawigl Nr. 3; Tel. 0473/56 33 76; nur Ostern–Pfingsten und Aug.– Nov., Di geschl.; Reservierung empfohlen
★

Pfefferlechner
Törggelkeller mit »Durchblick« zum Pferdestall und gemütlichem Innenhof.
St. Martin-Weg 4; Tel. 0473/56 25 21
★★

Marling
■ E 3, S. 117

2200 Einwohner

Wer gerne dem Trubel Merans entfliehen möchte, findet hier, fünf Autominuten weiter südlich, eine lärmfreie Insel inmitten von Wein- und Obstgärten und einen schönen Blick auf die Kurstadt.

Hotels/andere Unterkünfte

Oberwirt
Herausgeputztes Romantik-Hotel in einem alten Ansitz. Großer Pool, Tenniscamp, holzgetäfelte Tiroler Gemütlichkeit. Sehr empfehlenswertes Speiserestaurant.
St. Felix-Weg 2; Tel. 0473/44 71 11, Fax 44 71 30; 34 Zimmer
★★★★ AmEx DINERS EURO VISA

Passeiertal
■ E1–2, S. 117

Über 50 km zieht sich das Tal entlang der Passer Richtung Norden: vom milden, mediterranen Klima des dicht besiedelten Obst- und Weinbaugebietes bei Meran bis in die vergletscherten Hochgebirgslagen der Ötztaler und Stubaier Alpen. Über den kurvenreichen **Jaufenpass** kann man weiter Richtung Norden nach **Sterzing** fahren, über das **Timmelsjoch** besteht eine Verbindung nach Österreich.

Oben: Schloss Tirol war einst das Machtzentrum der ganzen Region (→ S. 65).

Mitte: Vom echten Südtiroler Ambiente ist in der Großgemeinde Dorf Tirol nicht mehr viel zu finden. Details wie dieses Schnitzwerk an der Kurpromenade gehören zum alpenländisch gestylten Image (→ S. 64).

Unten: Der Aufmarsch der Blaskapelle gehört bei vielen Festen selbstverständlich mit dazu. Ein Spektakel für Augen und Ohren!

Extra: Südtirol mit Kindern

Kinder sind in Südtirol gern gesehene Gäste. Als klassische Urlaubsregion für Familien sind Kinderermäßigungen zwischen 50 Prozent (3 bis 6 Jahre) und 20 bis 25 Prozent (6 bis 12 Jahre), kinderfreundliche Hotels mit Spielzimmern und -plätzen sowie Kindermenüs eine Selbstverständlichkeit. Familienfreundliche Wanderungen haben alle örtlichen Tourismusvereine ausgearbeitet, man kann sie dort meist kostenlos bekommen. Besonders schön: mit Kindern entlang der alten **Waale** (→ MERIAN-Tipp, S. 60 und → Vinschgau, S. 76) und in den **Naturparks** wandern. Viele Fremdenverkehrsorte haben **(Ski-)Kindergärten** eingerichtet, die eine tageweise Unterbringung der Kleinen ermöglichen und bei Bedarf Babysitter vermitteln; extra **Kinderpässe** geben zahlreiche Ermäßigungen für Schwimmbäder, Seilbahnen, Freizeiteinrichtungen. In Wintersportorten kümmert man sich mit viel Aufmerksamkeit um die Fahrkünste der Nachwuchstalente, bis zum Alter von sechs Jahren dürfen die Zwerge kostenlos Lift fahren.

Burgen und Schlösser sind für kleine Ritter und Edelfrauen die tollste Attraktion. Um Ostern und im Sommer veranstalten viele Gemeinden spezielle Kinderprogramme.

Die **Alpin- und Bergsteigerschulen Südtirols** machen Kinder ab acht Jahren spielerisch mit einem span-

nenden Programm rund ums Klettern vertraut. Die Aktionen reichen von theoretischer Einweisung bis zu ersten Erfahrungen am Seil. Ein tolles Erlebnis ist der **Klettergarten Fragsburg** bei Meran, die **Kinderbergwoche** in **Sulden** und die zweitägige Wandertour der **Alpinschule Ortler/ Sulden**, die Einblicke in Natur und Umwelt vermitteln. Die **Bergführervereinigung Gröden** lockt kleine Bergfexe zu Kletterübungen in die Steinerne Stadt. Bergabenteuerwochen für Kinder, auch mit den Eltern, bietet **Globo Alpin** in Bozen; Tel. 00 39/471/97 22 60.

Bergbaumuseum Ratschings
■ F 1, S. 117
Ein neues Museum rund um den Silber- und Erzabbau im Gebiet des Schneebergs. Eindrucksvoll ist der 200 m lange Schaustollen, der in die Finsternis des Berginneren führt.
39040 Ratschings/Ridnaun-Maiern 32; April–Okt. Di–So 9.30–16.30 Uhr; Führungen 9.30, 11, 13.30, 15 Uhr; Eintritt 2,50 €

Familienhotels Südtirol
Geräumige Zimmer, Spielsachen, Kindermenüs, Action-Programme für Kids ab drei Jahren und vieles mehr bieten die zwölf Familienhotels Südtirols.

Imkereimuseum Plattner Bienenhof ■ F 3, S. 117
Hier ist die Geschichte der Imkereien Südtirols im über 500 Jahre alten Hof dokumentiert. Mit Bienenlehrpfad durch den Bauerngarten.
Wolfsgruben 15, 39059 Oberbozen; Ostern–Ende Okt. tgl. 10–18 Uhr; Eintritt Erwachsene 2,50 €, Kinder 1 €

Kinderferien in Südtirol
Viele Gemeinden bieten während der Saison ein volles Kinderprogramm an: In **Dorf Tirol** zum Beispiel kann man an Almpartys mit Grillwürstl und Lagerfeuer teilnehmen, eine fröhliche Dampflokfahrt machen oder das River-Rafting ausprobieren. In **Schenna** werden für die Kleinen Mountainbike-Touren und Schatzsuchen veranstaltet. In **Naturns** lockt das Spaß- und Sonnenbad mit einer 72 m langen Wasserrutsche. In **Schlanders** kann der Nachwuchs an einer Kinderolympiade teilnehmen. Außerdem stehen Basteltage und Kinderwanderungen fast überall auf dem Programm.

Tiermuseum Burgstall ■ E 3, S. 117
Im Museum kann man 350 Exponate heimischer Tiere bestaunen.
39014 Burgstall; Tel. 04 73/29 11 26; April–Okt. tgl. außer Sa nachmittag und So 10–12.15 und 16–19 Uhr, bei Regenwetter auch am Wochenende

Picknickpause am See – so macht die Wanderung auch Kindern Spaß.

Berühmt wurde das Passeiertal durch den Tiroler Freiheitskämpfer Andreas Hofer, zu dessen Geburtsstätte in St. Leonhard die Pilger bis heute in Scharen ziehen.

Im unmittelbaren Einzugsgebiet Merans wirken die beiden bereits im frühen Mittelalter urkundlich erwähnten Dörfer **Riffian** und **Kuens** noch ein wenig verträumt – kunstvoll geschichtete Steinmauern, Brunnentröge, malerische Ecken findet man beim Spaziergang auf Schritt und Tritt, genießt dazu den herrlichen Panoramablick übers Burggrafenamt und über die steilen Weinberge, die Dörfer und weit verstreuten Schildhöfe in sattem Grün.

Riffian ist ein guter Ausgangspunkt für Bergwanderungen in den Naturpark Texelgruppe. Reizvolles Ziel: der **Obisellsee** mit seinem glasklaren Wasser und netter Almhütte, die besonders zur Törggelenzeit ein beliebter Treffpunkt ist. Für Liebhaber der Waalwanderungen ist der **Kuenser Waalweg** ein idyllischer Rundparcours (**Dauer**: 2–3 Std.).

Interessant für **Golfer**: der neue, großzügige 9-Loch-Platz in Passeier, der ökologisch korrekt und für hohe sportliche Anforderungen angelegt wurde.

MERIAN-Tipp

Schlosshotel Fahlburg Stolzer Besitzer des prachtvollen Anwesens aus der Renaissancezeit ist Jakob Graf Brandis, dessen Familie seit 1640 den Besitz der Anlage pflegt. Nach dem Umbau werden hier zwei Apartments (mit je vier Betten) wochenweise (mindestens für fünf Tage) vermietet. Die aufwendige historiengetreue Renovierung und der Erhalt der wunderschönen Anlage wird durch die Aufnahme zahlender Gäste kompensiert – sonst eher eine Seltenheit in Südtirol. 39010 Prissian 83; Tel. 0473/920930
★★★★ ■ E 3, S. 117

Sehenswertes

Wallfahrtskirche von Riffian
Ein hübscher Barockbau, dessen Anfänge bis ins frühe 14. Jh. zurückgehen. Beachten Sie auch die Friedhofskapelle mit schönen Fresken aus dem Jahr 1415 und das Gnadenbild der schmerzhaften Mutter Gottes.

Service

Auskunft
Tourismusverein Riffian-Kuens
Hauptstr./Raiffeisenhaus, 39010 Riffian; Tel. 0473/241076, Fax 241422

St. Leonhard in Passeier ■ E 2, S. 117

3400 Einwohner

St. Leonhard ist die Heimat von Andreas Hofer, der sich hier mit seinem Gefolge 1809 gegen Napoleons Soldaten eine erbitterte Schlacht lieferte (der Franzosenfriedhof in **Gleiten** erinnert an dieses dunkle Kapitel der Tiroler Geschichte).

Museen

Gasthof Sandwirt
Reminiszenzen an den berühmten Südtiroler Volkshelden Andreas Hofer findet man in seinem Geburtshaus, dem jetzigen Gasthof Sandwirt: Eine kleine Sammlung von Schriftstücken und persönlichen Gegenständen des Freiheitskämpfers ist im Gedenkraum neben der Gaststube ausgestellt.
Passeierstr. 72; Tel. 0473/656143; Mo–Sa 9–12, 14–18 Uhr; Eintritt 1 €

Einkaufen

Gebrüder Haller
Schön gearbeitete Janker findet man in der Wollspinnerei der Gebrüder Haller.
Kohlstatt 64, 39015 St. Leonhard in Passeier; Tel. 0473/656192

Schenna ■ E 2, S. 117

Der Ort liegt sonnenverwöhnt auf 640 m Höhe an einer Südterrasse des Meraner Hausbergs Ifinger nur wenige Kilometer von Meran entfernt. Fast doppelt so viele Hotelbetten wie Einwohner gibt es hier, und der Ort rühmt sich, die meisten hoteleigenen Hallen- und Freibäder (etwa 150) aufweisen zu können.

Für aktive Urlauber gibt es ein breites Angebot an Sport- und Freizeitmöglichkeiten; von der Fraktion Verdins führt eine Seilbahn zum **Hirzer Hochplateau**. Geschätztes Ausflugsziel ist der **Berggasthof Taser** (1450 m), vom Schennaberg über die Taser Seilbahn zu erreichen.

Sehenswertes

Mausoleum
Im Friedhof von Schenna findet sich die Grabstätte des Erzherzogs Johann von Österreich, der durch seine Liebe zu einem bürgerlichen Mädchen alle dynastischen Ansprüche verlor und 1859 hier seine letzte Ruhe fand.

Schloss Schenna
Über dem Dorfkern ragt die 1350 fertig gestellte Burg empor, die Erzherzog Johann 1844 erwarb und einrichtete und die sich heute im Besitz des Grafen von Meran befindet. Besonders sehenswert ist die umfangreiche Waffen- und Gemäldesammlung. Im August wird der Schlosshof zum Freilichtkino.
Führungen Ostern–Ende Okt. mehrmals tgl. zwischen 10.30 und 17 Uhr, So geschl. (außer bei Regen); Eintritt 3,50 €

Essen und Trinken

Restaurant Bad Verdins
Die beste und üppigste Pasta von Meran und Umgebung gibt es in diesem urigen Gasthof. Außerdem: hausgemachte Schlutzer und leckeres Gröstel. Reservierung empfohlen.
Verdinserstr. 8, 39017 Schenna; Tel. 0473/949401; Do geschl. ★★

Service

Auskunft
Tourismusverein Schenna
39017 Schenna; Tel. 0473/945669, Fax 945581

Terlan ■ E 3, S. 117

3300 Einwohner

Direkt an der Straße zwischen Bozen und Meran liegt Terlan, die »Spargelhauptstadt« Südtirols, auf 248 m Höhe. Hier und in den umliegenden Orten des Etschtals huldigt man im Frühjahr dem edlen Gemüse. Eine Alternative zur stark befahrenen Straße zwischen Bozen und Meran ist die Route ab Terlan über Mölten und Hafling.

Essen und Trinken

Oberspeiser
Gemütlicher Gasthof, der sich auch bei Einheimischen als Spargel-Treffpunkt großer Beliebtheit erfreut.
39018 Terlan/Klaus; Tel. 0471/257116; So geschl. ★★

Patauner
Alteingesessenes Gasthaus. Tipp: Spargelstrudel, dazu Terlaner Sauvignon.
Boznerstr. 6; Tel. 0471/918502; Do geschl. ★★★

Tisens ■ E 3, S. 117

Leichte, gut markierte Wanderwege in angenehmer Mittelgebirgslage, Ruinen und Schlösser sowie feine Restaurants zeichnen das Gebiet um Tisens aus. Bei **Schloss Katzenzungen** wächst auf 350 qm Europas größte Rebe – sie ist etwa 300 Jahre alt! Schlosshotel Fahlburg (→ MERIAN-Tipp, S. 71) direkt in Prissian und die Wehrburg am Ortsausgang lohnen einen Besuch.

Hotels/andere Unterkünfte

Schloss Wehrburg
Schloss in ruhiger Lage, geschmackvolle Zimmer, Pool im Garten.
39010 Prissian 7; Tel. 04 73/92 09 34, Fax 92 06 76; 22 Zimmer ★★

Essen und Trinken

Schwarzer Adler
Der traditionsreiche Gasthof im Dorfzentrum ist Anziehungspunkt für Wanderer wie Einheimische gleichermaßen. Gut geführte Küche mit Tiroler Spezialitäten und hervorragenden lokalen Weinen.
39010 Tisens; Tel. 04 73/92 09 12
★★

Zum Löwen M
Das traditionsreiche Restaurant in Gemäuern aus dem 13. Jh. gilt Kennern als eine der besten Südtiroler Küchen: fein zubereitete Fisch- und Wildgerichte, erlesene Tropfen aus dem gut sortierten Weinkeller. Ausprobieren!
Tisens, Hauptstr. 2; Tel. 04 73/92 09 27; So abds., Mo geschl.

Service

Auskunft
Tourismusverein Tisens
Hauptplatz 80, 39010 Tisens;
Tel. 04 73/92 08 88, Fax 92 05 52

Tscherms ■ E 3, S. 117

Das Dorf, nur 4 km von Meran entfernt, schmiegt sich an den Südosthang des Vigiljoches. Rebgärten und Obstwiesen liegen am Fuß der Burganlage von Schloss Lebenberg.

Wanderung

Marlinger Waalwanderweg
Er führt auf 13 km von der Ortschaft Töll oberhalb von Marling und Tscherms bis in die Talsenke nach Unterlana. Einkehrmöglichkeit am Wegesrand: in Lana der **Buschenschank Glögglhof** (Raffeingasse 8).

Sehenswertes

Ansitz Kränzl
In den Gemäuern einer mittelalterlichen Schwefelmühle lädt Kellermeister Franz Graf von Pfeil zur Weinprobe. Sehr romantische Kulisse, süffige Weine aus biologischem Anbau.
Gampenstr. 1

Schloss Lebenberg
Die Burganlage wurde im 14. Jh. erbaut und im 18. Jh. umgestaltet. Schöner Garten und sehenswerte Innenhöfe.
Führungen Ostern–Ende Okt. tgl. außer So 10.30–12.30 und 14–16.30 Uhr; Eintritt 4 €

Service

Auskunft
Tourismusverein Tscherms
39010 Tscherms; Tel. 04 73/56 10 15, Fax 56 33 32

Ultental ■ D 4, S. 117–A 9, S. 120

Über 40 km zieht sich das Ultental von Lana aus in westlicher Richtung. Ursprüngliche Bauernlandschaft mit blumengeschmückten Holzhöfen, dichten Bergwäldern und einsamen Gebirgseen prägt das von Bergen nach allen Seiten umschlossene Tal.

Die Hauptorte sind **Ulten** und **St. Pankraz**; sie gehen auf gotische Gründungen zur Zeit der Völkerwanderung zurück, als sich zahlreiche bajuwarische Siedler hier niederließen. Kleine Nebentäler entführen Wanderer in eine bis auf die bewirtschafteten Hochalmen wirklich einsame Bergwelt. Eine besondere Attraktion sind die steinalten Ultener Urlärchen bei St. Gertraud.

Sehenswertes

Traditionelles Handwerk
Seit dem Sommer 1991 haben sich Ultner Bergbauernfamilien zusammengeschlossen, um Ultner Naturprodukte und Kunsthandwerk einem breiteren Publikum zugänglich zu machen. So gibt es am Ortlerhof Gemüse, im Ludlhof zur Sommerzeit Beeren; Holzspielsachen, Korbflechtereien, Lodenhausschuhe, Hirtenmäntel und Leinentischdecken kann man in umliegenden Höfen erstehen. Auskunft: Tourismusverein St. Pankraz.

Urlärchen von Ulten
Im Talschluss, kurz hinter St. Gertraud, zweigt eine kleine Straße Richtung Süden ab. Hinter der Brücke über dem Talbach geht es weiter talauswärts durch hübsche Lärchenwälder zu den drei Urlärchen, einem der bizarrsten Naturdenkmäler Südtirols – das Alter der mächtigen Bäume wird auf etwa 2000 Jahre geschätzt.

Museen

Ultner Talmuseum
Bäuerliche Gebrauchsgegenstände und Volkskunst erzählen vom Leben der Bauern in diesem über Jahrhunderte abgeschiedenen Tal.

Tscherms wird von der ausgedehnten Anlage des Schlosses Lebenberg überragt (→ S. 72).

39016 St. Nikolaus/Ulten; Mitte Juni–Sept. Di, Fr, So 11–12, 15–17 Uhr, März–Juni, Okt. nur So 11–12 Uhr; Eintritt frei

Essen und Trinken

Weißes Rössl
Im alten Gasthof, der schon 1408 urkundlich erwähnt wurde und damals Fuhrleuten und Bauern üppige Mahlzeiten bereitete, gibt es nicht nur Spezialitäten wie die Ultner Brotsuppe und Rindsgulasch mit Knödeln, man kocht auch fast ausschließlich mit Naturprodukten aus biologischem Anbau.
39016 St. Pankraz/Ulten; Tel. 0473/787116; Mo geschl. ★★

Service

Auskunft
Tourismusverein St. Pankraz im Ultental
39010 St. Pankraz;
Tel. und Fax 0473/787171

Viel Sonne und wenig Regen:

Voller Kontraste zeigt sich die herbe Schönheit des Tals zwischen Reschen und Meran mit seiner einzigartigen Hochgebirgskulisse.

Schlanders

■ C 3, S. 116

5000 Einwohner

Über 60 km zieht sich der Vinschgau vom Burggrafenamt bis zum Reschenpass am Dreiländereck Italien, Österreich und der Schweiz. Der breite Talkessel verläuft geografisch in Ost-West-Richtung, wodurch die »zwei Gesichter« der Talflanken zu erklären sind: an der Südseite der dicht bewaldete **Nördersberg**, im Norden der sonnenverwöhnte **Sonnenberg**, der heute zu weiten Teilen mit Wein bepflanzt ist.

Während sich um den Reschenpass der **Obere Vinschgau** karg und herb zeigt, gewinnt der **Mittlere Vinschgau** zunehmend an weicheren Formen: Obstplantagen und sonnige, terrassierte Weinhänge ziehen sich bis zum Meraner Becken an der Talenge nahe der Ortschaft Töll. Im Frühling tauchen Birnen-, Aprikosen-, Äpfel- und Kirschblüten die Landschaft des **Unteren Vinschgau** in ein herrliches weißes Blütenmeer.

Das einzigartige Bewässerungssystem der Waale erschließt hier wunderschöne Wanderwege entlang der alten Lebensadern. In höheren Lagen trifft man auf die beschauliche, bäuerliche Kulturlandschaft des Vinschgau mit weit verstreuten Bauernhäusern und Almen. Auch wenn der Vinschgau seit alters her eine wichtige Durchgangsregion bildete, ist selbst heute noch die etwas verschlossenere, doch von großer Herzlichkeit geprägte »eigene« Art der Vinschger, die historisch zum rätoromanischen Kulturkreis gehören, zu spüren.

Viel Spaß im Vinschgau: In der Region zwischen Reschenpass und Meran werden Ferien für manchen kleinen Gast zum Abenteuer. Vor allem ein Urlaub auf dem Bauernhof wird unvergesslich bleiben (→ MERIAN-Tipp S. 12).

Nicht nur die klassischen Waalwege, sondern auch ruhige Seitentäler wie das Martelltal und das Matschertal sind bei Südtirol-Kennern beliebte Wandergebiete, Sommerskifahrer zieht es zu den Gletscherpisten von **Stilfser Joch** und **Schnalstal**. Touristisch ist der Vinschgau groß im Kommen. Viel Augenmerk richtet man auch auf spannende Ferienprogramme für Kinder. Besonders gut geeignet für Familien mit Kindern sind die 150 km **Radwanderwege** im Vinschgau, die durch Wiesen und Felder, Auen und Wälder führen.

Schlanders liegt auf halbem Wege zwischen Reschenpass und Meran »zwischen Gletscher und Rebe« – wer zentral im Vinschgau Quartier beziehen will, ist hier genau richtig. Das Städtchen gilt als das geschäftige Zentrum des Tals, es gibt gute Einkaufsmöglichkeiten.

Hotels/andere Unterkünfte

Schwarzer Widder
Zentral gelegenes, gut geführtes Haus mit gemütlicher Zirbelstube, Garten und schöner Terrasse.
39028 Schlanders, Hauptstr. 96;
Tel. 0473/730000, Fax 620226;
47 Zimmer ★★

Sporthotel Vetzan
Komfortables Hotel auf der Sonnenseite des Vinschgaus in ruhiger Lage am Ortsrand. Mit Sauna, Schwimmbad, Tennisplätzen und geführten Wanderungen gibt man sich eine sportliche Note.
39028 Schlanders, Vetzan 63;
Tel. 0473/742525; 8 Zimmer
★★ EURO VISA

Vetzanerhof
Gemütliche Familienpension etwas außerhalb. Hier sind übrigens auch Hunde willkommen.
39028 Schlanders, Vetzan 59;
Tel. 0473/742120; 8 Zimmer ★★

Spaziergänge

Die etwas mehr als 5000 Einwohner zählende Marktgemeinde hat man schnell »im Griff«. Lohnenswert ist ein Spaziergang vom **Hauptplatz** (Apotheke) Richtung Sonnenberg-promenade. Folgen Sie der Dr. Heinrich-Vögele-Straße und biegen bei der Schule in die **Franziskusstraße** ein. Nach der Franziskusbar verlassen Sie die Straße und gehen rechts bergan Richtung **Sonnenpromenade**, genießen den weiten Blick und das herrliche Bergpanorama. In etwa einer Stunde erreicht man wieder den Ort.

Auf dem **Ilswaal** lässt sich die Gegend um Schlanders besonders aussichtsreich erwandern. Vom nordöstlichen Dorfrand beginnt die Wanderung taleinwärts am Schlandraunbach (Markierung 3). Nach etwa 45 Min. stößt man, den rechts abzweigenden Steig nehmend, auf den **Ilswaal**, der, teilweise von Geländern abgesichert, bis in die Schlucht des Schlandraunbaches führt. Hinter einem Wäldchen teilt sich der Waal, der untere Weg (Markierung 5) verläuft durch terrassenförmig angelegte Obstgärten und Kastanienhaine zum romanischen **Ägidiuskirchlein** und über den Dorfrand von Kortsch und die Promenade wieder zurück nach Schlanders.
Dauer: ca. 2,5 Std.

Sehenswertes

Befehlhof
Das alte Weingut der Familie Schuster (Vezzaner Weißwein!) kann besichtigt werden, Verkostung möglich. Ein wunderschöner Panorama-Waldweg führt von Schlanders nach Vetzan (Markierung 13, 13 a).
Vetzan 14; Tel. 0473/742197

Pfarrkirche
Die gotische Pfarrkirche Mariä Himmelfahrt wurde nach einem Brand 1499 wieder aufgebaut und im barocken Stil ausgestattet. Der Turm mit seiner nadelfeinen, 92 m hohen Spitze ist das Wahrzeichen von Schlanders und der höchste Kirchturm Südtirols. Damit er den starken Winden von der Laaser Höhe besser widerstehen kann, hat man ihn mit einer leichten Neigung versehen.

Schlandersburg
Um 1600 entstand der schönste Renaissancebau des Vinschgaus mit Fassadenturm, Zinnengiebel und schönem zweistöckigen Loggienhof. Beachtenswert sind auch die kunstvollen Fenstergitter und das pilastergefasste Portal. Heute sind hier Gerichtsgebäude und eine Bibliothek untergebracht.

Waalwege
Waale sind offene, manchmal geschlossene Wasserrinnen, Teile eines seit Jahrhunderten bestehenden Bewässerungssystems, das einst den ganzen Vinschgau überzog und, je nach Wasserrecht, auf die betreffenden Grundstücke geleitet wurde. Gepflegt und überwacht wurden die Wasseradern von den Waalern. An den Rändern entwickelte sich eine besonders üppige Flora und Fauna. Oft kann man kilometerweit fast eben an fröhlich plätscherndem Wasser unter Bäumen dahinwandern.

Essen und Trinken

Im Vinschgau sollte man unbedingt den fruchtig-spritzigen **Vezzaner** kosten, ein zu Recht hoch gelobter Weißwein, der aus dem Tal stammt und nicht exportiert wird, da die Ertragsmengen zu gering sind. Auch die aromareichen Schlanderer Äpfel und Marillen sind im Spätsommer ein Muss. Es soll der große Temperaturunterschied zwischen Tag und Nacht sein, der den Früchten ihren intensiven Geschmack verleiht.

Alte Post
Schönes Gasthaus, zentral gelegen. Gute Südtiroler Brettlmarende zu heimischen Weinen.
Hauptplatz; Tel. 0473/730668 ★★

Haslhof
Typische Jausenstation.
Am Nördersberg 25; Tel. 0473/730434; Mai–Okt.

Konditorei Stainer
Eis in allen Varianten genießt man auf der sonnigen Terrasse des alten **Ansitzes Schlanderegg**.
Dr.-Vögele-Str. 14; Sa geschl.

Vogelsänger Weintränke
Deftige Tiroler Küche, Brettlmarende, flankiert von süffigem Eigenbauwein. Im Herbst gibt's frisch vergorenen Suser mit gerösteten Kastanien. Schöne alte Stube.
Vogelsangstr. 11; Tel. 0473/730084; Mi geschl. ★★

Einkaufen

Greier
Traditionsmetzgerei mit Südtiroler Spezialitäten von der Kaminwurz bis zum Speck.
Dr.-Vögele-Str. 6

Oberhofer
Eine gute Adresse zum Kauf von festen Wanderschuhen.
Hauptstr. 68

Reich & Co.
Qualitätsweine, Obstschnäpse und kalt gepresste Olivenöle.
Hauptstr. 21

Weiss
Gutsortierter Sport- und Schuhladen, viele italienische Marken.
Hauptstr. 77

Wochenmarkt
Jeden Donnerstag

Am Abend

Dammlkeller
Im Hotel Schwarzer Adler trifft man sich zu Bier und Speckbrett'l.
Hauptstr. 38, 39028 Schlanders; Mo–Sa 17–1 Uhr

Bistro Löwe
Jugendliche Bar und Treffpunkt.
Schupferwirt
Di–So von 8–1 Uhr

Urtlbad
Diskothek, in der sich die Jugend trifft.
Hauptstr. 7; Tel. 0473/730600; Do–So 22–2 Uhr

Service

Auskunft
Tourismusverband Vinschgau
Hier bekommt man alle Infos über Ausflugsziele im Vinschgau.
39028 Schlanders; Tel. 0473/620480, Fax 620481

Ziele in der Umgebung

Glurns

■ A 3, S. 116

850 Einwohner

4

Diese kleinste Stadt Südtirols wurde 1291 vom Tiroler Landesfürsten Meinhard II. mit den Stadtrechten versehen und ist heute einer der kulturellen Höhepunkte im Vinschgau. Das denkmalgeschützte Ensemble der Mini-Stadt mit Laubengängen, mittelalterlichen Wehranlagen und zinnenbedeckten Bürgerhäusern wurde mit Feingefühl renoviert und instand gesetzt. Bemerkenswert: Die Stadtmauer rund um das hübsche Städtchen ist mitsamt den drei Tortürmen und vier Eckrondellen vollständig erhalten. Nach der Blütezeit im 14. und 15. Jh., als der Salzhandel mit der Lombardei florierte, geriet das städtebauliche Juwel in Vergessenheit.

Glurns, auf 908 m Höhe gelegen, erobert man zu Fuß, schlendert durch sehr niedrige Lauben und malerische Gässchen zum Hauptplatz.

Hotels/andere Unterkünfte

Krone
Erkergeschmückter Gasthof zentral am Hauptplatz gelegen, einfache, gepflegte Zimmer.
Stadtplatz 9; Tel. und Fax 0473/831440; 24 Zimmer ★★

Sehenswertes

St. Pankratius
Die spätgotische Pfarrkirche auf der kleinen Anhöhe außerhalb der Stadtmauern besitzt ein sehenswertes Außenfresko mit dem Jüngsten Gericht aus dem Jahr 1496.
Hauptstraße

Essen und Trinken

Gasthof zum grünen Baum
500 bis 600 Jahre alte Wirtschaft am Stadtplatz. Hübsches Gebäude mit freskengeschmückten Zinnen.
Am Stadtplatz 7; Tel. 0473/831206
★★

Service

Auskunft
Tourismusverein Glurns
Silbergasse 1, 39020 Glurns;
Tel. und Fax 0473/831097

Laas

■ B 3, S. 116

3600 Einwohner

Berühmt wurde Laas durch seinen Marmor. Überall im Dorf trifft man auf marmorne Pflastersteine, Hennentröge, Grabsteine, auch das Neue Rathaus ist damit geschmückt. Das »weiße Gold« verarbeiteten Künstler aus aller Welt, zu den Hauptabnehmern zählte auch das österreichische Kaiserhaus. Hochalpine Tourenwege führen vom Laaser Tal über Zayjoch (3224 m) nach Sulden oder über die Laaserspitze (3305 m) ins Martelltal. Von Laas kann man auch zum **Leitenwaal** aufsteigen.

Der Tourismusverband Vinschgau organisiert eine vierstündige Info-Tour mit Dia-Schau sowie eine Besichtigung des Marmorwerks und eines Steinmetz-Ateliers.

Latsch

■ A 3, S. 116

4600 Einwohner

Ruhig am rechten Etschufer liegt inmitten von Obstplantagen Latsch, ein alter Marktflecken mit seinem gut erhaltenen Ortskern. Bekannt sind die Latscher Sommernachtskonzerte auf **Schloss Goldrain**.

Sehenswertes

Ansitz Mühlrain
Am westlichen Ortsende steht dieser gut restaurierte Barockbau mit Fresken, Stukkaturen und zwei schönen Erkern (um 1580).

Spitalkirche zum Hl. Geist
Der spätgotische Altar (1524) des schwäbischen Meisters Jörg Lederer gehört zu den wertvollsten der noch in Südtirol unzerstört gebliebenen Flügelaltäre. Meisterhaft sind auch die vier Tafelgemälde der Flügelaußenseiten eines unbekannten Künstlers.

Am Abend

Bierkeller Latsch
Gemütliches Pub, zwischen Mai und November werden Koteletts und Schweinshaxe serviert.
Valtneidweg 3; Tel. 0473/623208; Mi–So 10–24 Uhr, Di ab 14 Uhr, Mo geschl.

Oben: Die Ursprünge der Schlandersburg reichen bis ins Jahr 1600 zurück. Besonders sehenswert ist der schöne Loggienhof (→ S. 76).

Mitte: Saftige Vinschgauer und knuspriges Schüttelbrot sind die bekanntesten Südtiroler Brotspezialitäten.

Unten: Aus dem 8. Jahrhundert stammt das berühmte Fresko von St. Prokulus in Naturns, das Bischof Prokulus bei seiner abenteuerlichen Flucht aus Verona zeigt (→ S. 86).

Aktiv-Urlaub ist angesagt in Südtirol, und es gibt keinen, der hier nicht herrliche Sportmöglichkeiten nach eigener Lust und Laune findet. Leichtes Wandern in beschaulichen Mittelgebirgsebenen oder Trips in luftige Gletscherregionen, eine atemberaubende Runde Golf oder schweißtreibendes Mountainbiking, waghalsige Drachenflüge oder ein Match auf dem Tenniscourt – hier kommt jeder auf seine Kosten.

Stubenhocker haben keine Chance: Verlockend sind die zahlreichen Sportmöglichkeiten in freier Natur allemal– und es müssen ja nicht gleich hochalpine Touren sein ...

Für Skifahrer ist Südtirol ein wahres Eldorado mit tausenden Pistenkilometern, die zum Großteil durch Skischaukeln weitflächig miteinander verbunden sind. Besondere Spezialität der Region ist der Sommerskilauf in Gletscherlagen. Wanderer frönen vom Frühling bis weit in den Herbst ihrer Leidenschaft.

Boccia- und Kegelbahnen, Rollschuhlauf und Sommereisbahnen, über 60 Trimm-Dich-Pfade, Schießanlagen für Sport- und Bogenschützen, Freischachanlagen, Minigolf und zahlreiche Frei- und Hallenschwimmbäder sind fester Bestandteil dieser touristisch hochgradig erschlossenen Region.

Bergsteigen und Wandern

Der Alpinsport ist natürlich das zentrale Thema in Südtirol, und die Bergführer des Landes gehören zu den besten und berühmtesten Europas. Die Alpinschulen haben inzwischen ihr Programm sinnvoll erweitert und bieten oft auch Familien- und Kinderkurse an. Wanderanfänger und -profis können gleichermaßen zufrieden sein, denn ein ausgedehntes Netz gut markierter Wanderwege überzieht Südtirol bis in den kleinsten Winkel.

Im Buchhandel sind Karten und Führer erhältlich, die allen Geschmäckern gerecht werden, und **Südtirol Marketing** hält einen übersichtlichen Katalog sämtlicher Alpinschulen bereit (→ Auskunft, S. 105).

Generell gilt: Nehmen Sie Angaben über Ausrüstung, Vorsichtsmaßnahmen und Schwierigkeitsstufen unbedingt ernst, falscher Heldenmut und Leichtsinn können tödlich enden.

Drachenfliegen und Paragliding

Wer bereits seinen Flugschein in der Tasche hat, kommt in den Genuss guter Hanglagen, weiter Täler und hervorragender Thermik. Anfänger kommen bei Tandemflügen und Kursen auf den Geschmack.

Aero Club Bozen ■ F 4, S. 117
Segelfliegen, Motorflug, Fallschirmspringen direkt am Flugplatz.
Tel. 0471/250165

Dolomit Live Club Activ ■ D 9, S. 121
Tiers; Tel. 0471/642127

Drachenflieger- und Gleitschirmschule ■ C 8, S. 118
Alta Badia; Tel. 0471/847592

Drachenflugschule Pfalzen ■ C 6, S. 118
»Time to Fly« (Anmeldung)
Sand in Taufers; Tel. 0474/528036

Fliegerclub Adlerhorst ■ E 2, S. 117
Dorf Tirol; Tel. 0473/93136

Golf

Der attraktivste Golfclub liegt in Deutschnofen (1200 m) 12 km östlich von Bozen. Seit kurzem sind hier 18 Loch von Anfang Mai bis Ende Oktober bespielbar. Gäste sind an Werktagen willkommen, an Wochenenden nur nach Anmeldung. Driving Range, Putting Green, Pitching Green.

Die schönsten Adressen:

Abenteuer in den Lüften: Auch Freunde des Paragliding wissen die faszinierende Gebirgslandschaft Südtirols zu schätzen.

Golfclub Petersberg ■ F 4, S. 117
Unterwinkel 5, 39050 Deutschnofen/Petersberg; Tel. 0471/615122, Fax 615229

Weitere Golfmöglichkeiten:
Golfclub Alta Badia ■ C 8, S. 118
9-Loch-Platz, 1997 eröffnet. Driving Range, Pitch & Puttanlage, Clubhaus.
39030 Corvara; Tel. 0471/836015

Hotel Alpenroyal ■ B 8, S. 118
Driving Range und Zielgolfanlage.
39048 Wolkenstein;
Tel. 0471/795178

Golfclub Karersee ■ D 9, S. 121
1700 m hoch gelegen, Par 35 (Mai–Oktober), 9-Loch.
39056 Welschnofen; Tel. 0471/612200

Kneippkuren

Entschlackung in Südtiroler Kneippanlagen: Wassertreten, Wickel und kalte und warme Güsse nach dem Vorbild des »Wasserdoktors« Sebastian Kneipp wecken bekanntlich die natürlichen Abwehrkräfte des Körpers. Mitmachen kann man beispielsweise in Brixen in der Kuranstalt Dr. v. Guggenberg, Unterdrittelgasse 17; Tel. 0472/820222;
im Meraner Hotel Sittnerhof, Verdistr. 58; Tel. 0473/446331;
in der Vahrner Kneippanlage oder in Wiesen/Pfitsch im Gemeindepark.

Mountainbiking

Diese Sportart hat in den letzten Jahren enormen Zulauf erfahren – eine Tatsache, der man in Südtirol Rechnung trägt.

Mountainbike-Wochen gibt es inzwischen in Meran, im Vinschgau/Ortlergebiet, über dem Rittner Horn, auf der Seiseralm. Wer seine Kondition testen will, kann in sechs Tagen von Bozen bis Cortina strampeln

(Dolomit Live Club Activ) oder auf der Dolomiten Safari seine Kräfte messen. Ansprechpartner sind die örtlichen Bergsteigerschulen. Spezielle Bike-Hotels sind optimal auf Radfahrer eingestellt.
Infos unter Tel. 0471/631633, Fax 633641, Internet: www.bikehotel.it

Reiten

Zahlreiche Gestüte und Reitställe, aber auch manche Hotels bieten stunden-, tage- oder wochenweise Reitmöglichkeiten für ihre Gäste. Besonders attraktiv ist das Wanderreiten über Feld und Wald, das im Schnalstal unter anderem auch als mehrtägige Almtrekkingtour hoch zu Ross angeboten wird.

Sitting Bull Ranch ■ D 9, S. 121
Ponyreiten, Reitkurse, Ausritte mit Lagerfeuer-Romantik am Karerpass.

Auch auf dem Pferderücken lässt sich Südtirol wunderbar erkunden – und man muss dafür keineswegs ein professioneller Reiter sein.

Hintertal 190, 39050 Steinegg; Tel. 0471/376691

River-Rafting

Diese junge Sportart auf Ahr, Rienz und Eisack, Passer, Etsch und Talfer findet immer mehr Anhänger. Ob turbulent oder gemütlich, müssen Sie selbst bestimmen. Im Pustertal befinden sich die Pioniere dieses Sports. Die Veranstalter stellen Ausrüstung und Rücktransport.

Club Activ ■ C 6, S. 118
Ahrntaler Str. 22, 39032 Sand in Taufers; Tel. und Fax 0474/678422

Segeln und Windsurfing

Segeln kann man am Reschen-, Kalterer- und Haidersee, Surfer zieht es an den Kalterer See, wo auch Windsurfing-Kurse und Surfboardverleih angeboten werden. Surfen lässt sich aber auch in vielen kleinen Bergseen, wie zum Beispiel Pragser Wildsee, Vernagt-Stausee (Schnalstal), Dürrensee (Toblach) und auf dem Antholzer See.

Skifahren

Südtirol ist ein abwechslungsreiches Skirevier mit einer guten Infrastruktur. Vor allem die beiden großen Skizirkusse des Dolomiti Superski und der Ortler Skiarena sind es, welche die großen Massen der Brettlfreunde anziehen. Die Wintersaison beginnt vor Weihnachten und dauert bis Ende März/Anfang April. Sommerskilauf ist im Schnalstal und am Stilfser Joch populär. Langläufer finden zahlreiche gespurte Loipen.

Tennis

Südtirol ist mit über 300 öffentlichen Tennisplätzen und vielen hoteleigenen Courts reich bestückt.

Top 3
In-Disko mit Pub im Obergeschoss.
Bahnhofstraße
Tel. 0473/623285; Pub Mi–So 17–1 Uhr; Disko Mi–So 21–2 Uhr

Mals

A 2, S. 116

4850 Einwohner

Der Hauptort des Oberen Vinschgau ist vielleicht auch der schönste: Egal aus welcher Himmelsrichtung man kommt, erblickt man sogleich die einprägsame Silhouette der Kirchtürme **St. Johann, St. Martin** und **St. Benedikt** sowie den runden **Fröhlichsturm.**

Mals ist ein romantisches Dorf, die angrenzende Fraktion Burgeis mit der Fürstenburg und das weithin sichtbare **Benediktinerkloster Marienberg** ein »Muss« für Kunstbegeisterte. Behäbige, alteingesessene Gasthäuser, die sich teils schon seit Jahrhunderten in Familienbesitz befinden, sorgen für kulinarische Höhepunkte.

Mit dem Sessellift erreicht man das **Hochplateau des Watles** (Wandern und Skifahren), das einen weiten Panoramablick auf den Obervinschgauer Talkessel und die Ötztaler Alpen eröffnet.

Hotels/andere Unterkünfte

Pension Plavina
Das ruhige Gästehaus gehört zum Gasthof »Mohren«. Große, komfortable, nett eingerichtete Zimmer, Hallenbad, Liegewiese und Fitnessraum.
Burgeis 157; Tel. 0473/831223, Fax 830406; 32 Zimmer ★★

Wanderung

Malser Heide
Mit ihren seltsamen Murkegeln, von Gletschern zusammengeschobenen Geröllmassen, ist die **Malser Heide** ein reizvolles Wandergebiet. Von Mals über Burgeis und die Fürstenburg führt ein schöner Rundwanderweg über Felder und weite Wiesen entlang der Etsch nach Schleis und wieder zurück zum Ausgangsort.
Dauer: ca 1,5 Std.

Sehenswertes

Kloster Marienberg
Weithin sichtbar leuchtet das helle Barockweiß des Klosters in der Sonne. Ein idyllischer Spaziergang über den alten Schlinigerweg führt vom Dorf Burgeis zur mehr als 800 Jahre alten Benediktinerabtei. Innerhalb der Mauern bestimmen auch heute noch Stille und Einkehr den Lebenswandel der Mönche, die das von großen Latifundien umgebene Kloster wie eh und je bewohnen und bewirtschaften (und im Sommer Klostergäste auf Zeit beherbergen).

Hauptattraktion für Besucher sind nunmehr vollständig freigelegte romanische Fresken in der Krypta. Sie sind zur Gründungszeit des Klosters um 1160 entstanden und gehören zu den ältesten ihrer Art in Südtirol. Schöner Blick über die Malser Heide.
Führungen Juli–Okt. Mo–Fr 10, 11, 15, 16, Sa 10 und 11 Uhr; Eintritt freiwillige Spende

Reschenstausee
Viel fotografiertes »Objekt« am See ist der 1949 versunkene Kirchturm des Dorfes Graun, der damals samt dem dazugehörigen Dörfchen der Stromversorgung im Oberen Vinschgau zum Opfer fiel. Heute ragt gespenstisch nur noch die Kirchturmspitze aus dem Wasser. Auch wenn der See wegen seiner niedrigen Wassertemperatur kaum zum Baden taugt, ist er dennoch beliebt bei Surfern und Seglern.

St. Benedikt
Das Kirchlein aus dem 8. Jh., nach St. Prokulus in Naturns (→ S. 86) die älteste und bedeutendste Kirche im Vinschgau, birgt wertvolle Fresken, die bis in die karolingische Zeit zurückreichen. Der romanische Turm wurde im 12. Jh angefügt.
Tgl. außer So 9–11.30 und 13.30–17 Uhr; Eintritt 0,50 €

Essen und Trinken

Zum Mohren
Die Top-Adresse in Burgeis: Seit 1665 im Familienbesitz, bietet der behagliche Gasthof exzellente Südtiroler Kost, zum Großteil aus eigener Landwirtschaft und Rinderzucht.
Burgeis 81; Tel. 0473/831223;
Di geschl. ★★

Weißes Rössl
Von außen ein prächtiges, freskengeschmücktes Haus, innen sitzt man in der behaglichen alten Stube.
Hauptplatz 3a; Tel. 0473/831478;
Do geschl. ★★

Am Abend

Bärenkeller
Fr und Sa Livemusik von 22 bis 2 Uhr.
Mals, Verdroßstraße

Gasthof Hirschen
Das Bierpub im Gasthof ist Treffpunkt der jungen Leute.
Bahnhofstr. 2, Mals; Di geschl.

Hoppala Pub
In Burgeis, Hauptplatz 177;
Tel. 0473/831307; So geschl.

Obermoosburgkeller
Von Juli bis Sept. mittelalterliche Feste mit originaler Musik.
Schanzenstr. 23, Goldrain;
Tel. 0473/742139; Di geschl.

Martelltal

■ B 4, S. 116

Unter Südtirol-Fans gilt die Bergwelt des Martelltals immer noch als Geheimtipp. Das Seitental des Unteren Vinschgau gehört zum Nationalpark **Stilfser Joch**, beginnt bei Goldrain und zieht sich vom Ort Morter bis an den Fuß der Gletscher. Von der Abzweigung der Vinschgauer Straße bei Goldrain bis zum Hotel Paradiso steigt die Talstraße von 660 m auf 2265 m – und das auf einer Strecke von nur 23 km!

Sanfte Wiesen und steile Wildhänge, Felder und schindelgedeckte, verwitterte Bauernhöfe säumen das grüne, vom Fremdenverkehr noch nicht zu sehr erschlossene Tal mit seiner bäuerlichen Prägung entlang dem lebhaften Fluss Plima. Das gen Tal rauschende Gewässer ist bis heute eine Urgewalt geblieben.

Wanderungen zu Almen und Schutzhütten, teils auf uralten Steigen zu den Jochs und weiter ins Laaser Tal, nach Sulden und ins Ultental, sind ein Refugium für Naturfreunde. Seltene Pflanzen säumen die Wege, im Sommer blühen Alpenrosen. Großartig das Talschlusspanorama mit dem **Zufritt-Stausee**. Der Talschluss ist der Ausgangspunkt zu zahlreichen Hochgebirgstouren, fünf Schutzhütten sind von hier aus zu erreichen.

Hotels/andere Unterkünfte

Thairmühl
Familienbetrieb mit Hallenbad und Sauna.
Ennewasser 156, 39020 Martell;
Tel. 0473/744520, Fax 744673;
21 Zimmer ★★★

Einkaufen

Holzschnitzerei Oberhofer
Kunsthandwerk der Region als Souvenirs.
Ennethal 140, 39020 Martell

Essen und Trinken

Niederhof
Hier kommen in der hübschen Stube Südtiroler Spezialitäten allesamt hausgemacht auf den Tisch.
Waldberg Nr. 222, 39020 Martell;
Tel. 0473/744534 ★★

Service

Auskunft
Tourismusverein Martell
Dorf 96, 39020 Martell;
Tel. 0473/744598, Fax 744698

Naturns

■ D 3, S. 117

4950 Einwohner

Kurz vor dem Eingang zum Schnalstal liegt das Städtchen Naturns, das sich dem Obst- und Weinbau sowie dem Fremdenverkehr verschrieben hat. Viele Waal-Wandermöglichkeiten im Naturpark **Texelgruppe** oder zu den **Zirntaler Seen**, ausgezeichnete Sportmöglichkeiten von Reiten bis Paragliding und ein neues Erlebnisbad machen den Ort zu einem beliebten Ferienzentrum. Im Dorfkern gibt es einige sehr schöne Häuser, darunter auch behäbig-urige Gasthäuser, die einen Zwischenstopp lohnen.

Naturns ist ein guter Standort für Ausflüge in die Schnalser Bergwelt, zur Texelgruppe oder den Orten im Oberen Vinschgau.

Hotels/andere Unterkünfte

Feldhof
Sehr komfortables Haus samt Himmelbetten und Sky-TV, inmitten einer großen Parkanlage mit Palmen und Magnolien. Hier sind Kinder willkommene Gäste: Für sie gibt es ein großes Schwimmbecken und im Sommer ein spezielles Spiel- und Spaßprogramm.
Rathausstr. 4; Tel. 0473/666366,
Fax 667263; 26 Zimmer ★★★★

Sehenswertes

Schloss Juval
Seit 1983 im Besitz von Reinhold Messner. Kunstsammlung, Tibetika, Bergbildgalerie sind seit neuestem zugänglich.
Führungen Ostern–Ende Juni,
Sept.–Okt. tgl. außer Mi 10–16 Uhr;
Eintritt 6 €

St. Prokulus
Pilgerziel für Kunstfreunde ist der Ort wegen der kleinen Kirche St. Prokulus: In dem Bau aus dem 8. Jh. gibt es einzigartige Fresken aus vorkarolingischer Zeit, Schalen und Opfersteine weisen bis auf die Ur- und Frühgeschichte zurück. Die Fresken gelten, zusammen mit denen in St. Benedikt in Mals, als die ältesten erhaltenen Wandmalereien im deutschsprachigen Raum.

Essen und Trinken

Zum Adler
Traditionsreiches Fuhrmanngasthaus mit gutbürgerlicher Küche.
Hauptstraße; Tel. 0473/668288;
Di geschl. ★★

Kreuzwirt
Familienbetrieb mit eigener Schlachtung, schöne Stube mit Wandmalereien, im Sommer kann man auf der Terrasse tafeln, samstags gibt's zum Frühschoppen Livemusik.
Hauptstr. 47; Tel. 0473/667110;
So geschl. ★★

Steghof
Altes Bauernhaus mit zwei heimeligen Stuben. Leichte »grüne« Küche mit Hang zur Vollwertküche: Vorliebe für lokale Produkte und frische Zutaten aus dem Kräutergarten. Im Keller lagern edle Weine aus ganz Italien.
Hauptstr. 123a; Tel. 0473/88224;
Di geschl. ★★

Service

Auskunft
Tourismusverein Naturns
Rathausstr. 1, 39025 Naturns;
Tel. 0473/666077, Fax 666369

Immer beliebter werden **Trekking-Touren** hoch zu Ross, inklusive Übernachtung auf einer Almhütte. Oder organisierte **Gletscherwanderungen** zum Fundort von »Ötzi«, dem legendären Homo Tirolensis (Juni–Okt.). Auskünfte erhält man im Tourismusverein, der auch Anfang Oktober einen **Törggelenführer** über alle Almen der Region bereithält.

Schluderns

■ B 3, S. 116

1800 Einwohner

Am Ausgang des Matschertals liegt diese kleine Sommmerfrische am Fuß der **Churburg** auf 920 m Höhe – ein gemütliches Dorf mit romantischen Winkeln, windgeschützt am Rand des Obervinschgauer Talkessels. Hier beginnt der Süden mit seinen Wein- und Obsthängen. Auch die Haflinger Pferde stammen von hier: Verbrieft ist die Geburt des ersten Haflingerfohlens 1874, eine Kreuzung einer Landstute mit einem orientalischen Hengst.

Für Naturfreunde und Hobbyfotografen seien die **Schludernser Auen**, ein Biotop mit einzigartiger Flora und Fauna, zur Erkundung empfohlen. Drachenflieger und Paraglider finden an der Köpfelplatte (2410 m) und am Niederen Joch (2476 m) optimale Startbedingungen.

Sehenswertes

Churburg
3 Die imposante Churburg wurde 1253 von den Bischöfen von Chur als Bollwerk gegen das aufstrebende Geschlecht der Matscher Vögte errichtet, ging jedoch durch Heirat an diese über und ist seit 1504 im Besitz der Familie Trapp. Im 16. Jh. bauten die Trapps um, so dass viele Renaissance-Elemente das Bild der Burg prägen. Weltruf genießt die Rüstkammer, die sich die größte private Sammlung aus dem Mittelalter nennen darf. Die Rüstungen der Matscher Grafen sind mehr als 50 kg schwer und über 2 m hoch! Im Sommer bewohnt die Familie Trapp ihre Burg, die nur mit Führung zu besichtigen ist.
Führungen Ostern–Ende Okt. 10–12 und 14–16.30 Uhr, Mo geschl.; Eintritt 3,50 €

Service

Auskunft
Tourismusverein Schluderns
39020 Schluderns; Tel. 0473/615258, Fax 615444

Schnalstal

■ C 2, S. 116

Flankiert von **Schloss Juval** beginnt hinter den Weinbergen von Naturns das Schnalstal, das in nordwestlicher Richtung über 24 km bis zu den vergletscherten, firngekrönten Gipfeln des Zentralalpenkamms reicht. Hier wird Sport, allen voran das Skifahren, groß geschrieben. Rund ums Jahr sind die Lifte in Betrieb, im Sommer gibt es zahlreiche Wassersport-Möglichkeiten am **Vernagt-Stausee.**

Ausgedehnte Wanderwege führen zu den höchsten Berggasthöfen Südtirols: Die Stille des Hochgebirges ist eine willkommene Alternative zum geschäftigen Betrieb im Tal.

Informationen über Wanderungen zur Fundstelle von »Ötzi« erhält man im Tourismusverein Schnals und beim Kulturverein Schnals, Tel. 0473/679148.

Hotels/andere Unterkünfte

Große, komfortable Sporthotels sind im Schnalstal wie Pilze aus dem

Boden geschossen – eine Entwicklung, die dem einst abgeschiedenen Tal nicht unbedingt gut zu Gesichte steht. Alternativ kann man sich in einer der zahlreichen kleineren Privatpensionen einquartieren.

Pension Leit-Hof
Sonnige, ruhige Lage direkt am Vernagtsee.
Vernagt 21; Tel. 0473/669678, Fax 669755; 15 Zimmer ★★

Unterraindlhof
Schön am Berg gelegener, alter Hof, einfacher Familienbetrieb.
Unser Frau 52; Tel. 0473/669154; 10 Zimmer ★

Essen und Trinken

Finailhof
Bilderbuch-Bauernhof aus dem 13. Jh. Zu Fuß 45 Min. von der Hauptstraße.
Tel. 0473/669644

Service

Auskunft
Tourismusverein Schnals
39020 Schnalstal; Tel. 0473/679148, Fax 679177

Stilfser Joch und Umgebung ■ A 4, S. 116

Bei Spondinig an der Etsch beginnt die Straße zum Stilfser Joch, die zunächst durch die Stadt **Prad** (913 m) führt. Die große Gemeinde liegt direkt am Nationalpark Stilfser Joch, der von der Talsohle bis in die Gletscherregion reicht und für die alpine Tierwelt ein ideales Schutzgebiet darstellt.

In **Gomagoi** gabelt sich die Straße: Geradeaus geht es ins **Trafoier Tal** über steile Felshänge hinauf zum Joch. Links führt die Straße ins **Suldental**, das im ewigen Eis der Dreitausender, darunter dem »König Ortler«, mit 3905 m der höchste Berg Südtirols, endet. In **Sulden** schlagen Freunde hochalpiner Skitouren, Felskletterer und ambitionierte Ortlerdurchquerer ihre Zelte auf. Der 1850 m hoch gelegene Ort ist das Bergsteigerzentrum Südtirols.

Hotels/andere Unterkünfte

Post ■ B 4, S. 116
Malerisches Hotel mit Türmchen und Erkerchen, mal nicht im gängigen »modernen alpenländischen Baustil«.
39029 Sulden; Tel. 0473/613024, Fax 613224; 21 Zimmer ★★★

Suldenhotel ■ B 4, S. 116
Das erste Haus am Platz.
39029 Sulden 50; Tel. 0473/613081, Fax 613084; 50 Zimmer ★★★★

Sehenswertes

Ruine Lichtenberg ■ B 3, S. 116
Der Prader Ortsteil Lichtenberg wird überragt von der gleichnamigen Burgruine, einstige Trutzfestung des Grafen von Tirol gegen den Bischof von Chur.

Essen und Trinken

Jak & Jeti ■ B 4, S. 116
In Reinhold Messners Lokal kommen Yaksalami, Yakschinken und Südtiroler Bauernkäse auf den Tisch. Abends werden regionale Bauernprodukte, vor allem Lamm, im 5-Gänge-Menü serviert.
Sulden 55; tgl. 11–23 Uhr, Di geschl.
★★ EURO VISA

Service

Alpinschule Ortler
Haus der Berge, 39029 Sulden; Tel. 0473/613004; Juli–Sept. tgl. 9–11, 15.30–18.30 Uhr

Genießer, Gourmets und Romantiker lieben die herrliche Wein- und Obstlandschaft, stolze Burgen und Schlösser entführen in vergangene Zeiten.

Geografisch teilt sich die Region zwischen **Terlan**, das noch nördlich von Bozen liegt, und **Salurn**, dem südlichsten Zipfel Südtirols, in zwei Gebiete: zur linken Seite der Etsch ins **Unterland** mit dem Verwaltungszentrum **Auer** und den Orten **Aldein**, **Neumarkt** und **Salurn**. Auf der rechten Seite des Flusslaufes liegt **Überetsch** mit **Eppan**, **Kaltern** und **Tramin** – Ortsnamen, die besonders Weinliebhabern verheißungsvoll in den Ohren klingen.

Bis zum Ende des 19. Jh. war das heute so fruchtbare Tal versumpft und von schweren Überschwemmungen heimgesucht, so dass man mitunter von Neumarkt bis Tramin mit dem Boot übersetzen konnte. Erst nach einer Flussregulierung bekam der Landstrich mit seinen üppigen Weinhängen sein heutiges Gesicht.

Überetsch, vom Tal getrennt durch den lang gestreckten Kamm des Mitterberges, nach Westen vom Mendelgebirge abgeschirmt, war schon im Mittelalter für erlesene Weine hoch geschätzt.

Nirgendwo sonst gibt es auf so engem Raum eine solche Vielzahl an Burgen, Schlössern und Edelsitzen – viele davon stehen zur Besichtigung oder zum Übernachten offen. Zwischen dem früh einsetzenden Frühling und der Törggelenzeit im Herbst, wenn allerorten in Buschenschenken und Jausenstationen, Gasthöfen und Weinkellereien der junge Rebsaft zur Verkostung gereicht und dazu fröhlich gefeiert wird, zieht es Scharen von Urlaubern hierher in das größte Weinbaugebiet Südtirols, das 65 Prozent der gesamten Menge produziert. Vor allem die blau-violetten, fleischigen Vernatsch-Trauben, die einen leichten, gerbstoffarmen Wein ergeben, haben die Hochburg des Weins weit über seine Grenzen hinaus berühmt gemacht. Aber auch weiße Sorten wie Gewürztraminer, Ruland und Müller-Thurgau werden in hoher Qualität gekeltert.

Berühmt ist die 37 km lange **Weinstraße**: Sie beginnt südwestlich von Bozen bei der Burgruine Sigmundskron und zieht sich Richtung Süden bis an die Landesgrenze bei Salurn. Besonders malerisch ist der Abschnitt zwischen Kaltern und Tramin. Rund 350 km Wanderwege gibt es bis hinauf zu den Sommerfrischen von Fennberg und Mendel.

Wassersportler kommen am **Kalterer See**, dem wärmsten See der Alpen, voll auf ihre Kosten. Die Weine der ihn umgebenden Lagen haben ihm ihren weithin bekannten Namen zu verdanken.

Bemerkenswert ist der typische »Überetscher Baustil«, den man auf Spazierwegen in den schönen alten Ortskernen der Weindörfer häufig antrifft. Steingefasste Türstücke und Fensterbögen, verzierte Portale, Doppelbogenfenster mit schlanken Mittelsäulen (»toskanische Fenster«), Erker, Freitreppen und geschlossene Innenhöfe kennzeichnen diese stilistische Besonderheit der Region.

Auer

C 10, S. 120

2850 Einwohner

Das Verwaltungszentrum des Bozner Unterlandes (252 m) hat sich vor allem mit drei Spezialitätenwochen einen Namen gemacht. In der **Südtiroler Köchewoche** Anfang April tischen Südtiroler Chefs im Haus der Vereine zu zünftiger Stubnmusi auf. Zu den **Apfeltagen** im Oktober geht es den Äpfeln an die Schale. Vom Aperitif bis zur Torte zeigen Morgenduft, Jonathan und Co, was in ihnen steckt. Das vom Verkehrsamt organisierte **Weinseminar** und die **Weinkostwoche** weiht zur Törggelenzeit Ende Oktober eine Woche lang in die Geheimnisse des Weinverkostens ein.

Hotels/andere Unterkünfte

Berghotel Zirner Hof
Hoch über dem Etschtal gelegener, idyllischer Hof mit tollen Wanderwegen, guten Sportmöglichkeiten und urgemütlicher Zirbelstube. Liebevoll geführter Familienbetrieb.
39040 Radein; Tel. 0471/887215, Fax 887225; 35 Zimmer ★★★

Pension Villa Groff
Ein hervorragend geführtes Haus mit gepflegtem Ambiente, fünf Gehminuten vom Ortskern entfernt. Schwimmbad und ein Fahrradverleih sind vorhanden.
Bahnhofstr. 76; Tel. 0471/810424, Fax 810979; 15 Zimmer, 12 kleine Ferienapartments ★★★

Sehenswertes

Castelfeder
Von Auer erreicht man in wenigen Minuten den von Sagen umwobenen Burghügel Castelfeder, eine eigenartige Landschaft mit rotschwarzen Felsen, lauschigen Mulden, Terrassen, Felsschluchten und jähen Felskanten. Über sonnenverbrannten Steppenhängen räkeln sich uralte Steineichen, die sich unversehens zu Alleen formieren. Alte Mauerfundamente deuten auf spätantike Befestigungen und eine vorgeschichtliche Siedlung hin, deren Ursprünge die Geschichtsforschung bisher nicht enträtseln konnte. Ein Spaziergang in eine einsame, fast unheimliche und faszinierende Gegend, die den Einheimischen freilich noch nie so recht geheuer war.

Eppan

F 4, S. 117

Eppan im Überetscher Land ist das Zentrum für Burgenfreunde und Romantiker. Zwischen alter Tradition und modernem Tourismus balanciert man, seit mehrere der 22 Burgen und Schlösser und 60 Ansitze im Einzugsgebiet der Gemeinde restauriert wurden und als Hotels in Dienst genommen wurden.

Hotels/andere Unterkünfte

Schloss Englar
Für Romantiker genau richtig: die alte Schlossanlage mit großzügigem Ambiente, zwischen Weinhängen und viel Grün, einfache Zimmer.
Piganoerweg 42; Tel. 0471/662628; 11 Zimmer ★★★

Schloss Korb
Inmitten eigener Weinberge liegt das familiär geführte Hotel. Schöner Blick auf Berge und Burgen, stilvolle Gasträume, romantische Burgzimmer, teils mit erlesenen Antiquitäten ausgestattet. Gute Sportmöglichkeiten (Tennis, Schwimmbäder, Sauna).
Missian; Tel. 0471/636000, Fax 636033; 26 Zimmer ★★★★

Schloss Paschbach M
Traumhaft logiert man im Ansitz aus dem 15. Jh.: Von den Balkonen und zinnenumrandeten Terrassen im

obersten Stockwerk hat man die prächtige Kulisse von Etschtal und dem Schlern im Blick. Sehr herzliche Atmosphäre.
Bergweg 33, 39057 St. Michael/Eppan; Tel. 0471/66 25 88; 14 Zimmer ★★★

Stroblhof
Familiär geführtes Hotel mit Traumblick, Top-Küche, Pool, Garten, Vinothek und hübscher Terrasse.
Eppan, Pigenoerstr. 25; Tel. 0471/66 22 50, Fax 66 36 44; 30 Zimmer ★★ EURO VISA

Sehenswertes

Ansitz Moos-Schulthaus
In einer volkskundlichen Ausstellung wird die alte Wohnkultur wieder lebendig. Außerdem ist die Galerie mit wechselnden Ausstellungen Tiroler Künstler sehr sehenswert.
Führungen Ostern–Ende Okt.
Di–So um 10, 11, 16 und 17 Uhr;
Eintritt 2,50 €

Eppaner Eislöcher
Ein Phänomen sind die Eiszapfen, die aus einer Porphyrmulde eines Bergsturzes auch im Sommer zu sehen sind. Ein kalter, unterirdischer Wind scheint für die Entstehung der Eislöcher verantwortlich zu sein.

Frühlingstal
Unterhalb des Dörfchens Montiggl gelangt man auf den Wanderweg nach Kaltern und ins Frühlingstal. Nirgendwo blühen im Frühling so viele Frühlingsknotenblumen wie in der sumpfigen Mulde des Tals.

Hocheppan
Von der Anhöhe der Burg, einst Sitz der Grafen von Hocheppan, genießt man einen überwältigenden Rundblick ins Etschtal. Kunsthistorisch bedeutend ist die Burgkapelle mit ihrem romanischen Innenraum: Sie wird oft als die »Sixtinische Kapelle der Alpen« bezeichnet, da ihre Wände überreich mit wertvollen Fresken aus dem 13. Jh. bedeckt sind.
Anfang April–Anfang Nov.

Rebstöcke, so weit das Auge reicht: Die ungemein fruchtbare Bergterrasse südlich von Bozen lässt das Herz jedes Weinfreundes höher schlagen.

Montiggler Seen
Beide Seen sind warm und daher bei Badelustigen sehr beliebt. Sie liegen eingebettet inmitten der schönen Waldkulisse des Mitterberges.

St. Pauls
Mächtig überragt die spätgotische Pfarrkirche die Eppaner Gegend. Ihrem hohen Turm hat sie den Beinamen »Dom auf dem Lande« zu verdanken. Sehenswert: das Chorgestühl, reiche Steinmetzarbeiten und der nahe gelegene Friedhof im italienischen Arkadenstil. In der Kellerei Kössler steigt man zur Weinprobe in die Gewölbe.

Essen und Trinken

Gasthof Turmbach
Der gemütliche Gasthof hat Tradition. Die Einheimischen kommen der frischen Forellen aus eigener Zucht wegen hierher.
Turmbachweg 4; Tel. 04 71/66 23 39; Do geschl. ★★

MERIAN-Tipp

Kellerei Schreckbichl Schon zu Zeiten Karls des Großen wurden hier hochklassige Weine erzeugt. Besonders empfehlenswert sind die Roten wie Cabernet, Merlot und Blauburgunder und Weißweine wie Weißburgunder, Sauvignon, Gewürztraminer und Chardonnay. Weinstr. 8, 39050 Girlan; Tel. 04 71/ 66 42 46; Detailverkauf Mo–Fr 8–12, 14–18, Sa 8–12 Uhr. Freunde des Perlweins finden ihr Eldorado in der **Sektkellerei Winkler**, in der Sekt nach der Methode Champenoise hergestellt wird. Törggelentipp am Rande: der **Wolfhof** in Schreckbichl. ■ F4, S. 117

Gasthof Zur Rose MMM
Gourmettreff. Auf der Speisekarte stehen Köstlichkeiten wie Lamm in Rosmarin oder Kirschstrudel.
Josef-Innerhofer-Str. 2; Tel. 04 71/66 22 49; So und Mo mittags geschl. ★★★

Restaurant Marklhof
Auf dem Rücken des Mitterberges steht einer der ältesten Weinhöfe der Umgebung. Familie Oberhofer serviert Spezialitäten wie Gerstlsuppe und Gamsbraten, dazu Grauvernatsch aus dem Eigenbau.
Marklhofweg 14, 39050 Girlan; Tel. 04 71/66 24 07; Reservierung notwendig, Mo geschl. ★★★

Service

Auskunft
Tourismusverein Eppan
Rathausplatz 1, 39057 Eppan; Tel. 04 71/66 22 06, Fax 66 35 46

Kaltern

■ E 4, S. 117

6600 Einwohner

Eingebettet in ein Rebenmeer liegt Kaltern, das geschichtsträchtige Zentrum der Südtiroler Weinkultur und der bekannteste Ort an der Südtiroler Weinstraße. Sehenswert: die behäbigen Ansitze im Überetscher Stil. Auch die klassizistische Pfarrkirche Mariä Himmelfahrt (1792) mit ihrem spätbarocken Hochaltar lohnt einen Besuch.

Der **Kalterer See** ist nicht nur Namenspatron für den weithin bekannten »Roten«, sondern auch ein Paradies für Wassersportler. Über 200 km Wanderwege laden zum Spazieren, die historische Standseilbahn führt hinauf zur Mendel.

Hotels/andere Unterkünfte

Pension Remichhof
Optimaler Ausgangspunkt für Wasserfans: Der renovierte, nach allen

Seiten vom Wein umwachsene Überetscher Ansitz bietet gängigen Komfort und ein reichhaltiges Frühstücksbuffet. 2 Min. zum Strandbad und zur Surfschule.
St. Josef am See 27c; Tel. 04 71/96 01 44
★★

Sehenswertes

Kalterer See
Unterirdische Quellen sorgen für eine gute Wasserqualität des etwa 2 km langen Sees, der Wassersportfans von Surfern bis Tretbootfahrern als Erholungsgebiet dient.

Museen

Weinmuseum Kaltern
5 Hier wird klar, dass der Liebreiz der Rebenlandschaft für die Bauern ein mühsames Geschäft war und ist. Für altüberlieferte Bräuche und Gewohnheiten, wie sie einst mit der Weinlese und der Weinverarbeitung verbunden waren, ist in den heutigen modernen Keltereien kaum noch Platz. Umso verdienstvoller daher die Initiative des Museums: Rund um die Geschichte des Weinbaus, von Trink- und Traggefäßen, Weinfässern, Keltergeräten bis zu den imposanten Torggeln (Weinpressen) wird man hier umfassend informiert. In den Kellergewölben wurde einst der Weinzehnt als Obulus für den Landesfürsten eingesammelt.
Goldgasse 1; Ostern–Ende Okt. Di–Sa 9.30–12 und 14–18 Uhr, So und feiertags 10–12 Uhr; Eintritt 1,50 €

Essen und Trinken

Drescherkeller
Das rustikale Ambiente macht die Weinverkostung zum Erlebnis. Wunderbar romantisch sitzt man auch im Garten. Tipp: der Kalterer See Eigenbau-Wein und dazu eine herzhafte Brotzeit mit Speck und Kaminwurz'n – da möchte man am liebsten gar nicht mehr aufstehen ...
Maria-von-Buol-Platz 3; Tel. 04 71/96 31 19; Ostern–Ende Okt. tgl. 10–20 Uhr, Di geschl.

Schloss Ringberg
Direkt am Kalterer See gelegen, beherbergte das Jagdschlösschen bis 1986 das Südtiroler Weinmuseum. Beim Aufgang zum heutigen Restaurant macht man Bekanntschaft mit den Rebsorten, die in Südtirol angebaut und aus denen alljährlich 550 000 Hektoliter Wein gewonnen werden. Schönes Interieur aus dem 16. Jh. Südtiroler Kost und internationale Speisen werden im Restaurant serviert. Von der Terrasse aus genießt man den Panoramablick über den See und lässt sich die Weine munden.
Tel. 04 71/96 00 10; ganzjährig geöffnet, Di geschl. ★★★

Service

Auskunft
Tourismusverein Kaltern am See
Marktplatz 8, 39052 Kaltern;
Tel. 04 71/96 31 69, Fax 96 34 69

Kurtatsch

■ B 10, S. 120

Das Weindorf am Sonnenbalkon der Weinstraße liegt am Fuß des Fennbergs. Prächtige Edelsitze wie etwa die **Ansitze Strehlburg** und **Freienfeld** im Ort sowie der etwas außerhalb gelegene **Ansitz Turmhof Entiklar** stammen vorwiegend aus dem 17. Jh.; alte Bauernhöfe zeugen von alter Weinbautradition.

Mehrere Wege führen zwischen verstreut liegenden Weinhöfen, Rebhügeln und Mischwäldern zu den Mittelgebirgsterrassen von **Penon, Graun** und zur Hochfläche des **Fennberges**, der im Frühsommer eine bunte Blütenpracht entfaltet. Belohnt wird der Weg nach oben mit einem wunderbaren Blick und einem kühlen Bad im versteckt gelegenen **Fennberger See**.

Hotels/andere Unterkünfte

Haus am Hang
Gemütliche Frühstückspension inmitten von Weinreben. Hausgemachte Säfte, Kuchen, Marmeladen.
Maria-Hilf-Gasse 1a; Tel. 0471/880146; 6 Zimmer ★★

Turmhotel Schwarzer Adler
Neu erbautes Haus mit Turmstube, Schwimmbad, Finnsauna und bewirtschaftetem Gartenpavillon.
Schweigglplatz 1; Tel. 0471/880600, Fax 880601; 24 Zimmer ★★★

Essen und Trinken

Gasthaus zur Rose
Traditionsreiches Haus aus dem 15. Jh. Das gutbürgerliche Essen genießt man in der holzgetäfelten Renaissancestube am Kachelofen.
Endergasse 2; Tel. 0471/880116; So geschl. ★★

Jausenstation Turmhof
Bevor man in die hübsche Stube einkehrt und sich den Erzeugnissen der Schlosskellerei zuwendet, sollte man einen Spaziergang in die verspielte Parkanlage rund um den von alten Weingärten eingebetteten Ansitz unternehmen: eine verwinkelte, sehr romantische Gartenanlage, die mit steinernen Fabelwesen und Fantasiefiguren bestückt ist.
Schlossweg 4, 39040 Entiklar; Tel. 0471/880122; So geschl., Do Hausmusik ab 20 Uhr ★★

Margreid

■ B 10, S. 120

1100 Einwohner

Eng an die Felswände des Fennbergs geduckt auf dem flachen Schwemmkegel des Fenner Baches liegt das alte Weindorf Margreid: Hier ist es ruhiger und abgeschiedener als in manchen anderen von Urlaubern stark besuchten Dörfern der Weinstraße. Besonders schöne, schmiedeeiserne Fenstergitter aus der Renaissance und dem Barock sind hier zu entdecken, lauschige Plätze, die zahlreichen Portale und Torbögen der eng aneinandergebauten Ansitze bestimmen das Ortsbild.

In der Grafengasse rankt übrigens die älteste Weinrebe Südtirols: Sie wurde 1601 hier gepflanzt und trägt immer noch jedes Jahr ihre Trauben.

Sehenswertes

Fennberg
Geübte Kletterer erklimmen den Fennberger Klettersteig, der direkt aus der Talsohle steil an den Felswänden hinauf nach Unterfennberg führt.

Essen und Trinken

Gasthaus zur Kirche
Idyllische Lage am Fennberg. Man serviert Südtiroler Kost und Grillspezialitäten. Kalbshaxe auf Vorbestellung.
Unterfennberg Nr. 17; Tel. 0471/880244; Mo geschl. ★★

Neumarkt

■ C 10, S. 120

4250 Einwohner

Das urbane Gesicht des Ortes zeigt sich in der Altstadt von seiner schönsten Seite. Stattliche Häuser mit hübschen Innenhöfen, gut instand gesetzte Lauben aus dem Mittelalter sind stilvolle Kulisse bei einem Spaziergang.

Sehenswertes

Naturpark Trudner Horn
Weit gedehnte Wälder und Wiesenflächen prägen 6500 ha geschützter Natur. Vom Etschtal (220 m) bis ins

Hochgebirge des Horns (1806 m) begegnet man auf Pfaden jenseits der Touristenströme der artenreichen Flora des Landes.

Unsere liebe Frau in der Vill
Kunstinteressierte besuchen die Kirche im alten Vorort Vill, die zu den schönsten Sakralbauwerken der Hochgotik zählt (Schlüssel im Pfarrhaus oder Verkehrsamt).

Essen und Trinken

Johnson & Dipoli
Önothek unter den Lauben – hier kann man unter der kundigen Anleitung von Wirt Vincenzo ein breites Spektrum der heimischen Weine kosten und vorzüglich speisen.
Andreas-Hofer-Str. 3; Tel. 04 71/81 29 23; Mo geschl. ★★★

Service

Auskunft
Tourismusverein Neumarkt
Lauben 28, 39044 Neumarkt;
Tel. 04 71/81 23 73, Fax 82 06 07

Tramin ■ B 10, S. 120

3100 Einwohner

Inmitten alter Weinbauernhöfe liegt an sonnigem Hang Tramin, das als Heimat des Gewürztraminers weltberühmt wurde – ein hübscher Fremdenverkehrsort mit vielen Sport- und Wandermöglichkeiten; das Dorf wird vom mächtigen Glockenturm der Pfarrkirche überragt. Die neue Anlage des Sport- und Erlebnisbades mit Whirlpool, Wasserfall und Kletterfelsen ist eine Alternative zu Badefreuden im Kalterer See.

Sehenswertes

St. Jakob in Kastelaz
Das romanische Kirchlein gibt den Kunsthistorikern einige Rätsel auf:

Kleine, appetitanregend dekorierte Feinkostläden wie hier in Kaltern locken nicht nur Gourmets vors Schaufenster.

Die Freskenmalereien aus dem 13. Jh. zeigen neben den zwölf Aposteln auch Fabelwesen.

St. Quiricus und St. Julitta
Der gotische, über 80 m hohe Glockenturm der Traminer Pfarrkirche gilt als einer der schönsten Südtirols. Sehenswerter Freskenzyklus der Bozner Schule (15. Jh.), auf dem der Foltertod der Hl. Julitta und ihres kleinen Sohnes festgehalten ist.

Museen

Traminer Dorfmuseum
Wer sich für bäuerliche Lebensart interessiert, ist hier richtig.
Rathausplatz 9; Di–Fr 10–12 und 16–18, Sa 10–12 Uhr

Service

Auskunft
Tourismusverein Tramin
Rathausplatz 11, 39040 Tramin;
Tel. 04 71/86 01 31, Fax 86 08 20

Dramatische Autorouten, romantische Radwege, wundervolle Wanderungen: Entdecken Sie Ihre Urlaubsregion, und genießen Sie die Vielfalt Südtirols!

Südtirol bietet Bergsteigern und Wanderern Touren aller Schwierigkeitsgrade – aber immer in landschaftlich reizvoller Umgebung.

Große Dolomitenstraße

Dramatische 109 Kilometer verbinden Bozen mit Cortina d'Ampezzo: die Große Dolomitenstraße, angelegt bereits Anfang des 20. Jahrhunderts. Atemberaubende Ausblicke säumen den serpentinenreichen Weg. Von Bozen gelangt man über Kardaun ins Eggental, fährt hinter Welschnofen Richtung Karerpass, der in 1745 Metern Höhe hinüber ins ladinische Fassatal führt. Lohnender Zwischenstopp: der romantisch gelegene **Karer See**, berühmt wegen seiner fantastischen Spiegelung des Latemargebirges. Erstes Highlight der Dolomitenstraße: das **Pordoi-Joch** auf 2239 Metern, das man über eine Vielzahl geschlungener Kurven erreicht – der höchste Pass der Großen Dolomitenstraße. Weiter geht es in Richtung Osten, um den letzten wichtigen Übergang der Route zu bezwingen – der auf 2105 Metern Höhe liegende **Falzaregopass**.

Jetzt heißt es Serpentinen bis nach **Cortina d'Ampezzo** hinunterzukurbeln. Geschafft – im Kurvenfahren kann Ihnen so leicht keiner mehr etwas vormachen. Trotzdem empfiehlt sich, für den Rückweg die Route durch das Höhlensteintal bis Toblach und von dort aus durch Puster- und Eisacktal zurück nach Bozen zu nehmen. Die Straße ist in einwandfreiem Zustand.

Dauer: Tagestour oder länger; **Karte:** → S. 118–121

Faszinierende Ausblicke bietet die Große Dolomitenstraße – wer diese Tour bewältigt hat, nimmt unvergessliche Eindrücke mit nach Hause.

Eppan – Kaltern – Montiggler Seen/ Unterland

Zum Radfahren bieten sich die flachen Niederungen des Unterlands geradezu an: Man folgt einem idyllischen, gut markierten Radweg. Er führt von **Eppan** durch wunderschöne Landschaften bis zur Dorfeinfahrt von Kaltern. Hier lohnt das ortsansässige Südtiroler Weinmuseum im Dorfzentrum einen Besuch. Am Ende des Radwegs biegt man rechts ein, bewältigt einen kurzen Anstieg und biegt gleich danach links in die Forststraße »Unterberg« und nach einer weiteren kleinen Steigung wiederum links in den markierten Weg nach Montiggl.

In Kaltern lohnt das ortsansässige Südtiroler Weinmuseum einen Besuch.

Bade-Idylle im Montiggler Wald

Von hier gelangt man zum **Großen und Kleinen Montiggler See,** wo man herrlich baden und/ oder beide Seen umrunden kann. Sie liegen in einem schönen Waldgebiet des Mitterbergs. Allerdings sind die Montiggler Seen überaus beliebte Ausflugsziele, sodass man an schönen Sommertagen mit einem großen Besucherandrang und entsprechend überfüllten Strandbädern rechnen muss. Auf dem Rückweg nimmt man wieder die Zufahrtsstraße nach Montiggl, biegt jedoch nach wenigen Minuten in den Weg »3a/Patersteig« ein, der im leichten Auf und Ab den prächtigen, im Sommer schön schattigkühlen Montiggler Wald durchmisst.

Die Montiggler Seen liegen in einem schönen Waldgebiet des Mitterbergs.

Beim Gehöft »Schwarzhaus« gelangt man wieder auf die Straße, die zurück nach Eppan führt.

Räder, Mountainbikes und Kinderräder kann man mieten bei der Pension Wendelstein, St. Anna-Weg 9 a; Tel. 04 71/66 21 22 (Vorbestellung)

Höhenunterschied: etwa 150 m
Länge: ca. 15 km
Dauer: 2–3 Std.; **Karte:** → S. 120

Unter den Geislerspitzen

Die Tour verdient auch wegen der eindrucksvollen Pflanzen- und Tierwelt Beachtung.

Eine der schönsten Almwanderungen im Eisacktal bietet fantastische Ausblicke auf die mächtigen Zacken der Geislerspitzen. Der Rund-Wandersteig Adolf-Munkel-Weg im Villnößtal führt hinauf zu lichten Almen, in dichte Nadelwälder und gibt bezaubernde Blicke frei auf die Nordseite der wildgezackten Geislerspitzen, einem der charaktervollsten Gebirgsmassive der Dolomiten.

Rundherum nur spektakuläre Landschaft – Eindrücke, die man nie vergisst

Die verspielte, dekorative Außenbemalung der St. Johann-Kapelle ist ein reizvoller Kontrast zum Grau der Dolomiten.

Ausgangspunkt der Tour (alpine Ausrüstung erforderlich!) ist der Parkplatz in Ranui im Villnößtal auf 1370 Meter Höhe. Hier trifft man gleich auf eines der beliebtesten Südtiroler Fotomotive: das in sattes Grün gebettete Kirchlein St. Johann mit seinem hübschen Zwiebelturm, das Mitte des 18. Jahrhunderts von Michael von Jenner gestiftet wurde. Er hatte den benachbarten uralten Hof Ranni 1744 zu seinem Jagdsitz ausbauen lassen.

Die Lage des Ranuimüllerhofes ist einmalig, fast am Talschluss.

Von hier folgt man der Markierung 28 hinauf zur Brogleshütte, mit 2045 Metern der höchste Punkt der Wanderung; über den Adolf-Munkel-Weg gelangt man weiter zur Gschnagenhardtalm und zur Glatschalm – hier taucht gegen Abend die tief liegende Sonne die Felswände in feuerrote Farben. Über die Zanseralm (Markierung 33), die auch mit dem Auto erreichbar und deshalb vor allem in der herbstlichen Wandersaison entspechend frequentiert ist, gelangt man schließlich wieder zurück nach Ranui. Hier könnten Sie sich zum Beispiel im Ranuimüllerhof, einem gepflegten Gasthof mit guter Küche, eine wohlverdiente Marende gönnen.

Höhenunterschied: 700 m
Schwierigkeitsgrad: mittel
Dauer: etwa 6 Std.; **Karte:** → S. 118

Familienwanderung im Sarntal/Stoanerne Mandln

Dolomitenblick und seltsame Steinmännchen begeistern kleine und große Wanderer auf dieser Route. Von Sarnthein aus fährt man mit dem Auto über die Auener Höfestraße zur **Sarner Skihütte.** Ab hier geht es zu Fuß weiter zur **Auener Alm-Hütte** (Almwirtschaft mit warmer Küche) und weiter durch wunderschöne Lärchenwälder zum Auener Joch und über einen Almrücken zu den **Stoanernen Mandln** an der Hohen Reisch. Die Bergkuppe wurde einst als Hexenversammlungsort bezeichnet.

In Sarnthein lohnt ein Blick in die ursprünglich romanische Kirche St. Cyprian.

»Wandlungsfähige« Steinfiguren

Die »Steinmännchen« sind bizarre Felssteinschichtungen, deren Ursprünge nach wissenschaftlichen Untersuchungen bis ins 16. Jahrhundert zurückreichen und deren Sinn bis heute nicht völlig geklärt ist. Natürlich lässt sich für den Laien kaum mehr unterscheiden, welche der Stoanernen Mandln in den letzten Jahren hinzugekommen sind: Offensichtlich lassen sich viele Wanderer zum Steine-Schichten inspirieren ... Besonders reizvoll ist die Tour im Frühling, wenn die Bergwiesen ihre bunte Pracht entfalten, Enzian, Bergprimeln, Küchenschellen in voller Blüte stehen, im Frühsommer, wenn die Landschaft in ein Meer von Alpenrosen taucht, wie man es sonst selten zu sehen bekommt, und im Herbst, wenn die Lärchen feuerrot leuchten. Berühmt ist der Rundum-Panorama-Blick hier oben, geradezu atemberaubend die Aussichten Richtung Südosten zu den Dolomiten.

Auch wenn die Blumen noch so schön sind, gilt: Pflücken verboten!

Informationen gibt der Tourismusverein
39058 Sarntal in Sarnthein;
Tel. 04 71/62 30 91, Fax 62 23 50

Höhenunterschied: 390 m
Dauer: leichte Halbtagestour; **Karte:** → S. 117

Südtirol von A(nreise) bis Z(oll).

Mit Einkaufstipps und Festkalender, Nebenkosten- und genauer Klimatabelle, Geschichte auf einen Blick, Register und vielen anderen Infos.

Prima Klima am Kalterer See: Als wärmster Alpensee mit ausgezeichneter Wasserqualität hat er viele Freunde.

Anreise

Mit dem Auto
Von Deutschland aus führt der schnellste Anfahrtsweg über die Autobahn München – Salzburg, ab Inntaldreieck Richtung Kufstein, weiter über Innsbruck und den Brennerpass nach Italien.

Die Brennerautobahn ist sowohl auf österreichischer als auch auf italienischer Seite **mautpflichtig**. Dabei wird die PKW-Mautgebühr nicht nach Hubraum, sondern nach der Fahrzeughöhe an der Vorderachse berechnet. Zweiachsige PKW-Anhänger werden mit fast dem doppelten Tarif berechnet, einachsige Anhänger erfordern einen Zuschlag von 25 Prozent. Für den 37 km langen Streckenabschnitt auf österreichischer Seite (Europabrücke) sind für einen PKW 9,50 € Gebühren fällig, die italienische Brennerstrecke schlägt bis Bozen mit derzeit 3,75 € zu Buche.

Der Brenner ist nicht nur der niedrigste, sondern auch verkehrsreichste Alpenpass. So heißt es mitunter an einer der zahlreichen Baustellen Schlange stehen, die, zusammen mit Mautstelle und Grenzübergang, die zweispurige Autobahn zum Nadelöhr machen.

Heftige Proteste der Anwohner haben in der letzten Zeit auf die starke Verkehrsbelastung in der Region aufmerksam gemacht. Wenn zu Hauptreisezeiten auf der Brennerautobahn A 22 nichts mehr weitergeht, bietet die alte Brennerstraße (Nr. 12) eine gute Alternative; sie verläuft parallel zur Autostrada, kostet nichts – und man kommt manchmal schneller voran. Mit Sicherheit jedoch ist die Strecke reizvoller, da sie mehrfach die gigantischen Aquädukte der über weite Strecken auf Betonstelzen verlaufenden Autobahn unterquert.

Über den **Reschenpass** (1504 m) führt die zweitwichtigste Zufahrt nach Südtirol, er verbindet das Inntal (Österreich) mit dem Vinschgau und Meran. Über das **Timmelsjoch** (2478 m, nur im Sommer geöffnet) kommt man vom österreichischen Ötztal ins Passeiertal nördlich von Meran (Timmelsjochstraße bis Meran 56 km). Ebenfalls Richtung Passeiertal kommt man von Sterzing aus über den kurvenreichen **Jaufenpass**.

Eine landschaftlich reizvolle Anreise unternimmt man von Sterzing über das **Penser Joch** durch das Sarntal bis Bozen. Österreicher reisen gerne über den **Staller Sattel** ins Antholzertal, welches wiederum ins Pustertal mündet (Staller Sattel bis zur Pustertaler Hauptstraße 23 km): beschwerlich, da kurvenreich, aber wunderschön. Je nach Schneelage sind die kleineren Bergpässe von Juni / Juli bis Oktober geöffnet (Auskunft beim ADAC).

Mit dem Zug
Die Brennerlinie verbindet die Orte vom Eisacktal bis nach Bozen durch regelmäßigen Zugverkehr. Von allen wichtigen Städten Deutschlands verkehren außerdem Direktzüge bis Bozen. Die 127 km lange Trasse Innsbruck–Bozen wurde im 19. Jh. geradezu genial konzipiert; man durchfährt 30 Tunnels.

Von München und Innsbruck gibt es schnelle Züge, die man jedoch im Voraus, möglichst mit Platzkarte, buchen sollte. Eine günstige Direkt-Verbindung ist zum Beispiel der Euro-City »Garda«, den man in Brixen oder Bozen nach etwa 4,5 Stunden verlassen kann. Von verschiedenen deutschen Städten aus verkehren Autoreisezüge nach Bozen.

Von den Bahnhöfen in Südtirol gibt es vielfältige Pendel-Busverbindungen zu allen größeren Orten der Region. Einige Hotels haben Zubringerdienste von den Bahnhöfen aus eingerichtet. Es empfiehlt sich, vorher beim Hotel nachzufragen, um eine Abholung zu arrangieren.

Mit dem Flugzeug
Seit März 1999 ist Südtirol auch per Linienflug erreichbar. Tyroteam Airways bietet Flüge von Frankfurt/Main nach Bozen an (Flugzeit 90 Min.). Die nächstgelegenen Verkehrsflughäfen sind Innsbruck (Österreich) und Verona (Italien).

Mit dem Bus
Viele Reiseveranstalter bieten pauschal Bustouren übers Wochenende und für längere Aufenthalte an, die Transport, Unterkunft und eine Weinverkostung mit einschließen.

Auskunft

Staatliches Italienisches Fremdenverkehrsamt (E.N.I.T.)

In der Bundesrepublik Deutschland:
- Kaiserstr. 65, 60329 Frankfurt/Main; Tel. 0 69/25 93 32, Fax 23 28 94
- Goethestr. 20, 80336 München; Tel. 0 89/53 03 69/60, Fax 53 45 27
- Berliner Allee 26; 40212 Düsseldorf; Tel. 02 11/13 22 32, Fax 13 40 94

In Österreich:
Kärntnerring 4, 1010 Wien; Tel. 02 22/ 5 05 43 74/5 05 16 39, Fax 5 05 02 48

In der Schweiz:
Uraniastr. 32, 8001 Zürich;
Tel. 01/2 11 36 33/2 11 36 34,
Fax 2 11 38 85

In Italien:
Südtirol Marketing ■ d 3, S. 25
Pfarrplatz 11, 39100 Bozen;
Tel. 04 71/41 38 08, Fax 04 71/41 38 89,
E-Mail: info@hallo.com,
Internet: www.hallo.com;
tgl. 9–17 Uhr
Hier bekommt man auch aktuelle **Alpine Auskünfte** (Wettervorhersagen, Schneelage, Lawinengefahr, Schutzhütten), Tel. 04 71/99 38 09, Fax 99 38 99. Kostenlos hier zu beziehen: die hervorragenden **Info-Broschüren** »Urlaubsimpressionen« (zur Orientierung) und »Urlaubsideen« (handfeste Tips für Sportler, Wanderer, Gourmets etc.) sowie das Infobüchlein zu umweltfreundlichen Beherbergungsbetrieben.

Baden

Viele Ferienorte sind im Besitz moderner, geheizter Frei- und Hallenbäder; auch die Hotels sind überdurchschnittlich oft mit Schwimmbädern ausgestattet. Zum Baden in freier Natur eignet sich, allen voran, der warme **Kalterer See**, die **Montiggler Seen**, beide im Überetsch, der **Völser Weiher** im Schlerngebiet, der **Vahrner See** im Eisacktal sowie der **Issinger Weiher** im Pustertal.

Bevölkerung

Auf 7400 qkm Fläche leben in Südtirol etwa 440 000 Menschen, davon fast ein Viertel in Bozen und Umgebung. 98% der Südtiroler sind katholisch. Auf die Frage nach ihrer Sprachzugehörigkeit geben 68,3% deutsch, 27,4% italienisch und 4,3% ladinisch an.

Camping

Der Verband der Campingplatzbesitzer hat einen eigenen Prospekt über alle 36 Campingplätze der Region herausgegeben. Sie befinden sich durchweg in gutem, teilweise hervorragendem Zustand. Viele Campingplätze bieten winterfeste Stellplätze und haben rund ums Jahr geöffnet.

Diplomatische Vertretungen

Einmal im Monat halten die Konsulate einen Sprechtag in Bozen ab, der Termin ist über die Handelskammer, Tel. 04 71/94 55 11, oder aus der Tageszeitung *Dolomiten* zu erfahren.

Deutsches Generalkonsulat
Via Solferino 40, 20121 Mailand;
Tel. 02/6 55 44 34

Österreichisches Generalkonsulat
Via Solferino 40, 20121 Mailand;
Tel. 02/4 81 29 37

Schweizer Generalkonsulat
Via Palastro 2, 20121 Mailand;
Tel. 02/76 00 92 84

Einkaufen

Wer durch Südtirol reist, stößt überall auf Spuren fleißiger, fingerfertiger Künstler, die in Jahrhunderten schöne und wertvolle Dinge zustande brachten – Kachelöfen und Kassettendecken, Steinmetzarbeiten und Holztäfelungen, geschmiedete Grabkreuze und Wirtshausschilder, geschnitzte Altäre und Madonnenfiguren. Aber auch im Alltag entstand ein bodenständiges Kunsthandwerk – vom Kamm-Machen aus Horn bis zum Holzschnitzen, von der Federkielstickerei bis zur Spitzenklöppelei wurden in den Familien überlieferte Traditionen gepflegt. Auf diesem fruchtbaren Boden findet man auch heute in Südtirol eine große Bandbreite künstlerischen Schaffens.

Wer sich einen guten Einblick verschaffen will, sollte in den Südtiroler Werkstätten (→ Bozen, Einkaufen, S. 26) vorbeischauen. Handgemachtes aus Holz, Glas, Wachs, Keramik und Stoff, Handgewebtes, Geschmiedetes, Gedrechseltes, Geklöppeltes und Bemaltes sowie hübsche Korbflechtereien spiegeln die reiche Tradition des Kunsthandwerks in Südtirol wider. In einigen Bergtälern gelangten die lokalen Erzeugnisse zu großer Bekanntheit.

Holzschnitzereien aus dem Grödnertal
Von Eierbechern, Schöpfkellen und anderen alltäglichen Gebrauchsgegenständen bis zum sakralen Kunstwerk, Madonnen und Krippenfiguren, für die man allerdings tief in die Tasche greifen muss, reichen die Variationen der Grödner Schnitzwerkstätten. Aus den Anfängen von vor fast 400 Jahren, als die Bauern an langen Winterabenden das Schnitzen zum Zeitvertreib begannen, hat sich ein ganzer Kunstzweig entwickelt.

Auch in der **Kunstkeramik** sind überlieferte Formen und Muster erhalten geblieben: Kachel- und Bauernöfen findet man besonders in und um Bozen. Ein originelles Mitbringsel ist der Bozner Engel, ein pausbäckiges Figürchen. **Glasmalerei** ist ebenfalls ein seit langem gepflegter Kunstzweig, schön bemalte und geätzte Objekte findet man vor allem in Bozen.

Im Pustertal dominiert traditionell die Kunst der **Handweberei** und Stoffdruckerei, auch seidene Tücher, Blusen und Stoffe werden fantasiereich bemalt – die moderne Variante der alten Kunstfertigkeit. Die filigranen Erzeugnisse der **Spitzenklöpplerei** (Tischdecken, Läufer, Kissen etc.) und holzgeschnitzte **Masken** findet man fast ausschließlich im Ahrntal. Tipp: Wer nach Kunsthandwerklichem sucht, tut gut daran, auch mal abseits der Touristenzentren nach Ateliers und Werkstätten zu schauen oder gezielt danach zu fragen.

Modisches mit Stil
Italienische Designermode, Schuhe mit Schick und Stil, Sportswear von modern bis klassisch, Wollpullis und Trachtenmode: Die verführerischen Auslagen in den Städten haben das »gewisse Etwas«, das viele allein zum Shopping über den Brenner lockt. Elegantes, aber auch Teures findet man in Bozen und Meran, während in Brixen und Sterzing das Preis-Leistungs-Verhältnis stimmt. Die Geschäfte sind in der Regel von 8.30 bis 12 und 15 bis 19 Uhr geöffnet. Tourismusorte haben samstags

meistens ganztags geöffnete Geschäfte. In Städten schließen die Läden in der Regel samstags um 12.30 Uhr. Hier bildet der erste Samstag im Monat die Ausnahme. In den Wintersportorten kann man auch sonntags einkaufen gehen.

Auch auf lokalen **Jahr-** und **Wochenmärkten** trifft man immer wieder auf Kunsthandwerker, die ihre Ware feilbieten – und sich über einen Besuch in der Werkstatt freuen.

Fundgrube für Feinschmecker

Auch wenn inzwischen fast überall nördlich vom Brenner »beim Italiener« kalt gepresste **Olivenöle** und **Balsamico-Essig**, eingelegte Oliven, Pilze, Salami, Käse und Schüttelbrot bequem zu besorgen sind, so macht es in den attraktiv dekorierten, gut sortierten Feinkostläden, die bei einem Bummel durch schmucke Altstadtgassen beispielsweise in Brixen, Bozen oder Bruneck zu finden sind, einfach mehr Spaß, die erlesenen Naturprodukte zu erstehen.

Weinverkauf, Obstbrände (vor allem Äpfel, Birnen, Pflaumen und Aprikosen werden verarbeitet) und vermehrt auch qualitativ hochwertige **Sekte** bieten fast alle Kellereien Südtirols an, eine Verkostung vorab ist meistens möglich. Guter Schnaps ist teuer, da pro Jahr in Südtirol »nur« etwa 145 000 Flaschen produziert werden. Ob Williams, Marille oder Treber, achten Sie beim Einkauf auf das Qualitätssiegel der Landesregierung.

Obst kauft man nicht nur auf den Märkten, sondern auch direkt beim Erzeuger. Fahren Sie ruhig den Hinweisschildern an den Straßen nach, je nach Jahreszeit bekommt man »ab Hof« relativ preiswert Früchte der Saison.

Die Qualität des **Specks** schwankt, der großen Nachfrage wegen, erheblich. Am besten, man kauft direkt beim Bauern, in einer Metzgerei und beobachtet auf den Wochenmärkten, welcher Stand von einheimischen Hausfrauen umlagert ist. Ansonsten läuft man Gefahr, Speck aus holländischer Serienproduktion untergejubelt zu bekommen. Tipp: Der Speck sollte nicht zu weich sein, die Schutzmarke (Bergprofil mit der Aufschrift Südtirol/Alto Adige) steht für Top-Qualität und dafür, dass der Speck garantiert mindestens 20 Wochen Reifezeit hat.

Feste und Festspiele

Januar/Februar
Internationales Hundeschlittenrennen in Bruneck
Je nach Schneeverhältnissen treffen sich im Januar oder Februar Husky-Fans und Sportbegeisterte zum Hunderennen. Ein großartig inszeniertes Spektakel.

Februar
Scheibenschlagen/Tartsch
Am Vorabend des ersten Sonntags der Fastenzeit treffen sich am mythenschweren Tartscher Bühel die unverheirateten Burschen zum Scheibenschlagen, einem alten rätischen Feuerkult. Holzscheiben werden im Feuer zum Glühen gebracht und, begleitet von Wünschen und Sprüchen, ins Tal geschleudert – eine faszinierende Zeremonie.

März
Eisacktaler Kost
Spezialitätenwoche im Eisacktal. Seit über 20 Jahren pflegen die Eisacktaler Küchenchefs heimische Rezepte, die in Vergessenheit zu geraten drohen. Raffiniert zusammengestellte Degustationsmenüs geben einen guten Einstieg in die Eisacktaler Kochkunst.

Weihe der Palmzweige
In Sterzing und Wipptal wird dieses Ereignis zelebriert. Die Kinder brin-

gen gebundene Zweige in den Gottesdienst, die später in den Gärten stehen, als Bitte um Fruchtbarkeit.
Sonntag vor Ostern

April
Bozner Filmtage
Ein kleines, international renommiertes Filmfestival im Bozner Filmclub.

Eppaner Bauernkuchl
Überetscher und typische Südtiroler Kost in den Gasthäusern der Ortschaft Eppan.

Mai
Bozner Blumenmarkt
Pittoreskes Ereignis am Waltherplatz.
30. April/1. Mai

Spargelwochen
In Terlan, Vilpian und Siebeneich wird im Frühling dem König der Gemüse gehuldigt. Spezialität: mit Bozner Sauce!
Anfang Mai bis Juni

Juni
Kastelruther Krausenwochen
Bodenständige Rezepte wie zum Beispiel Gamsschinken in Wacholderbutter, die bis ins 15. Jh. zurückreichen, beleben die Speisezettel der Gastbetriebe um Kastelruth.
Erste beiden Juniwochen

Schafstrieb
In Schnals werden die Schafherden über Hoch- und Niederjoch in die Ötztaler Alpen getrieben.

Oswald-von-Wolkenstein-Ritt
Großes Reiterspektakel in Völs, Seis und Kastelruth.
Zwischen 10. und 13. Juni

Herz-Jesu-Fest
Allerorten züngeln riesige Bergfeuer in luftiger Höh‘, dazu gibt es Prozessionen und stimmungsvolle Feiern.
Um den 20. Juni

Naturkostwochen in Völs/Schlern
1.–30. Juni

Soiréen auf Schloss Tirol
Sommerliche Romantik in historischer Umgebung.
Dorf Tirol
Juni/Juli

Juli
Bozner Ballettsommer
Klassik, Jazz, Ausstellungen, Oper und Tanzdarbietungen.
Anfang Juli–Ende August

Rittner Sommerspiele
Theater und Konzerte in Klobenstein.
Mitte Juli bis Mitte August

Brunecker Sommerkonzerte
Freiluftkonzerte im Renaissance-Arkadenhof des Ragenhauses.
Mitte Juli–Mitte August

August
Mariä Himmelfahrt
Einer der wichtigsten kirchlichen Feiertage mit zahlreichen Prozessionen und Trachtenumzügen.
15. August

Meraner Musikwochen
Ein Muss für Klassikfans (seit 1896). Der lichte Konzertsaal in schönstem Jugendstil ist ein Ereignis; international sind sowohl die darbietenden Orchester als auch das Publikum.
Mitte August–Mitte September

Brixner Altstadtfest
Sommerlicher Budenzauber in den Gassen der Stadt.
Ende August in allen geraden Jahren

Bartlmä-Fest in Bozen
Pferde- und Rinderabtrieb von den Rittner Almen. Der Ausklang des Almsommers wird mit einem sehenswerten Marktfest, viel Folklore und Tiroler Spezialitäten gefeiert.
Am 24. August

September
Herbstwochen
In St. Christina in Gröden wird man mit Südtiroler und ladinischen Spezialitäten verwöhnt.
Zweite und dritte Septemberwoche

Kalterer Weinwoche
Weinverkostung in Kaltern.
Ende August/Anfang September

Sarner Spezialitätenwoche
Die Köche des Sarntals stellen ihre Kunst unter Beweis.

Meraner Traubenfest
Großes Herbstfinale für Jung und Alt, Festumzug, Konzerte, Trachtenparade, dazu fließt Traubensaft in Strömen.
Dritter Sonntag im Oktober

Völser Kuchkastl
Lokale Spezialitäten kommen in Völs am Schlern auf den Tisch.

Stegener Markt
In Bruneck findet das größte Südtiroler Volksfest statt: Kuhhandel, Volksbelustigung, Marktstände.
Letztes Oktoberwochenende

Dezember
Christkindlmärkte
In Bozen und Bruneck.

Feiertage

An einigen kirchlichen Feiertagen (z. B. Fronleichnam) wird normal gearbeitet und erst am darauf folgenden Sonntag gefeiert. An folgenden Tagen haben Geschäfte, Behörden, Schulen geschlossen:

1. Jan. Neujahr
6. Jan. Dreikönigstag
Ostermontag
25. April Tag der Befreiung von der faschistischen Diktatur
1. Mai Tag der Arbeit
Pfingstmontag
15. August Mariä Himmelfahrt (Ferragosto: Mitte August verreist fast ganz Italien)
1. Nov. Allerheiligen
8. Dez. Mariä Empfängnis
25. und 26. Dez. Weihnachten

Geld

Seit dem 1. Januar 1999 sind die Umrechnungskurse zwischen den Währungen der Mitgliedsstaaten der Europäischen Währungsunion und dem Euro festgelegt. Preise sind in diesem Reiseführer durchgängig in Euro angegeben. Zur Erinnerung: 1 € = 1,95583 DM = 1936,27 Lit. = (Stand März 2001) 1,51 sFr.

Am 1. Januar 2002 werden die Euro-Banknoten und -Münzen in Umlauf gebracht. Frühestens zu diesem Termin werden Sie also um die lästigen Wechselmodalitäten herumkommen. Spätestens am 1. Juli 2002 verlieren dann die einzelstaatlichen

Nebenkosten in Euro

1 Tasse Kaffee	1,30
1 Tasse Cappuccino	1,60
1 Bier	1,80
1 Cola	1,20
1 Brot (ca. 500g)	1,80
1 Schachtel Zigaretten	3,00
1 Liter Benzin	1,20
Fahrt mit öffentl. Verkehrsmitteln (Einzelfahrt)	0,90
Mietwagen/Tag (Avis, Opel Corsa)	etwa 55,00

Währungen – also auch die italienische Lira – ihre Gültigkeit als gesetzliche Zahlungsmittel.

Die **Banken** sind Mo–Fr 9–13 Uhr geöffnet, meistens auch nachmittags zwischen ca. 15 und 16 Uhr. Hotels und die örtlichen Fremdenverkehrsbüros wechseln oft zu fairen Kursen.

Kreditkarten werden weitgehend akzeptiert. Mit einer ec-Karte und der Geheimnummer kann man problemlos Geld aus dem Automaten bekommen.

Internet

www.suedtirol.com
Hotelsuchmaschine, viele Infos zur Ferienregion, aktuelle Veranstaltungen, Golf und vieles mehr.

www.altea.it
Hotels, Gastronomie, Camping etc., viele weiterführende Links.

www.dolomitisuperski.com
Alle wichtigen Infos zum Top-Skigebiet Südtirols.

www.hallo.com
Website der Südtirol Marketing (→ Auskunft, S. 105).

Medizinische Versorgung

Wichtigstes Utensil ist der Auslandskrankenschein der jeweiligen Krankenkasse, den man bei Italienreisen immer mit sich führen sollte – damit hat man Anspruch auf ärztliche Behandlung (freie Arztwahl) und gegebenenfalls Einweisung ins Krankenhaus.

In der Regel muss man Arzt- und Krankenhauskosten vorstrecken und die Quittung nach der Rückkehr zu Hause bei der Krankenkasse einreichen. Eine Rückholung im Krankheitsfall ist erst durch eine Auslandskrankenversicherung abgedeckt.

Notruf

Notarzt, Polizei und Rettungswagen: Tel. 113
Carabinieri: Tel. 112
Feuerwehr: Tel. 115
Pannenhilfe,
ACI-Abschleppdienst: Tel. 116
Straßenzustand: Tel. 194
Bergrettungsdienst:
Tel. 04 71/98 19 81
Apotheken-Nachtdienst: Der Notdienst der Apotheken ist in der *Dolomiten-Zeitung* nachzulesen oder unter der Telefonnummer 192 zu erfragen.

Post

Briefmarken bekommt man in Postämtern und Tabak/Schreibwarenläden (**tabacchi**). **Postkarten** nach Deutschland, Österreich und in die Schweiz sind mit 0,35 € zu frankieren. Die **Postämter**, erkennbar am gelben P.T.-Schild, sind in der Regel von 8–14 Uhr geöffnet. Die Hauptpostämter in größeren Städten sind meist durchgehend von 8.15–19.30 Uhr geöffnet, Sa 8.15–14 Uhr.

Reisedokumente

Deutsche Staatsbürger benötigen für die Einreise Reisepass oder Personalausweis. Kinder bis 16 Jahre müssen im Pass der Eltern eingetragen oder im Besitz eines Kinderausweises sein.

Reisewetter

An der Südseite des Alpenhauptkamms setzt der Frühling früher ein als im Norden, das Klima ist milder. An der Weinstraße (Etschtal), rund um die geschützten Talkessel von Bozen und Meran weht schon ab Ende Februar ein laues Frühlingslüfterl. Die Obst- und Weinbaugebiete in Unterland und Überetsch, im Vinschgau und Burggrafenamt tauchen im Frühling in ein weißes Blütenmeer, und im »goldenen« Herbst kann man noch bis in den November hinein mit gutem Wanderwetter rechnen. Intensive Farben, ein tief azurblauer Himmel leuchtet an klaren Tagen.

Hauptreisezeiten für ganz Südtirol sind Mai bis Juli/August und die Törggelezeit von September bis in den frühen November hinein. In höheren Bergregionen beginnt die Sommersaison im Juni und endet Anfang Oktober. Hier sind wegen der intensiven Sonneneinstrahlung UV-Schutz und Sonnenbrille wichtig.

Rundfunk

Radioprogramme werden in Südtirol dreisprachig ausgestrahlt. Die beliebtesten deutschsprachigen Sender sind Radio Bozen, Radio Tirol, Sarner Welle und Radio Eisack.

Sprache

In Südtirol sind Deutsch, Italienisch und seit 1994 auch Ladinisch gleichberechtigt. Sie können also davon ausgehen, dass man Deutsch versteht und spricht. Ortsschilder, Straßennamen, Speisekarten etc. sind in zwei Sprachen aufgeführt.

Telefon

Öffentliche Fernsprechzellen findet man in Bars, Gasthäusern, Bahnhöfen, eher selten in Postämtern. **Kartentelefone** sind im Vormarsch. Man erhält die Karten in Tabakläden und Postämtern.

Vorwahlen:
I → D 0049
I → A 0043
I → CH 0041
D, A, CH → I 0039

Bei allen Gesprächen vom Ausland nach Italien muss man seit 1998 die Null vor der Ortsnetzkennzahl mitwählen; auch bei Ortsgesprächen innerhalb Italiens die Ortskennzahl mit Null vorwählen!

An Wochentagen ist das Telefonieren zwischen 22 und 8 Uhr verbilligt.

Die genauen Klimadaten von Bozen

	Januar	Februar	März	April	Mai	Juni	Juli	August	September	Oktober	November	Dezember
Durchschnittl. Temp. in °C – Tag	4,8	8,6	14,1	18,7	22,4	27,0	28,9	28,0	24,2	17,8	10,7	5,7
Durchschnittl. Temp. in °C – Nacht	-2,8	-0,6	3,5	7,8	11,02	14,6	16,2	15,6	13,0	7,6	2,4	-1,6
Sonnenstunden pro Tag	3,4	4,4	5,2	5,6	6,3	7,0	7,8	6,8	6,2	5,2	2,9	3,0
Regentage	4	3	6	7	10	9	8	8	8	7	7	5

Quelle: Deutscher Wetterdienst, Offenbach

Tiere

Wer einen Hund nach Südtirol mitnehmen möchte, muss an der italienischen Grenze die Bescheinigung über eine Tollwutimpfung (nicht jünger als vier Wochen, nicht älter als zehn Monate) und ein tierärztliches Gesundheitszeugnis vorlegen. Für Katzen wird lediglich ein Gesundheitszeugnis verlangt.

Trinkgeld

Üblicherweise rundet man im Restaurant und beim Taxifahren den Rechnungsbetrag ähnlich wie in Deutschland auf, wenn man mit der Leistung zufrieden war. In italienisch geführten Restaurants wird meist ca. 2 € extra für Brot und Gedeck **(pane e coperto)** berechnet, was allerdings nicht als Trinkgeld **(mancia)** zu verstehen ist.

Verkehrsverbindungen

Es gibt grundsätzlich zwei Arten, in Südtirol seinen Urlaub zu verbringen: Entweder man sucht sich ein hübsches Feriendomizil und erobert die landschaftlichen Reize der auserwählten Urlaubsregion auf Schusters Rappen. Oder man liebt die Unabhängigkeit und legt Wert darauf, auch weiter entfernt gelegene Ausflugsziele anzusteuern – dann sollte man mit dem eigenen Auto anreisen. Wer beide Urlaubsformen miteinander kombinieren will, kann auf ein gutfunktionierendes Nahverkehrsnetz, Taxen oder die Möglichkeit, in Bozen einen Wagen zu mieten, zurückgreifen.

Auto

Die **Parkplatzsituation** ist sowohl in den größeren Städten (Brixen, Klausen, Bozen, Bruneck, Meran) als auch in vielen kleineren Ortschaften im Sommer und zumindest an Wochenenden ziemlich chaotisch. Fast überall sind jedoch Parkplätze außerhalb der Ortszentren ausgewiesen. Hier parkt man zwar gegen Gebühr, die Plätze sind jedoch bewacht. Die Verkehrspolizei Südtirols macht für Falschparker mit ausländischem Nummernschild keine Ausnahmen, verteilt rigoros Strafzettel (bis zu 150 €) und schleppt aus entspre-

Entfernungen (in km) zwischen wichtigen Orten in Südtirol

	Bozen	Brixen	Bruneck	Glurns	Kaltern	Meran	Sand in Taufers	Schlanders	Sterzing	Toblach
Bozen	–	40	73	83	15	28	88	61	75	101
Brixen	40	–	33	123	55	68	48	101	30	61
Bruneck	73	33	–	156	88	101	15	134	53	28
Glurns	83	123	156	–	85	55	171	22	115	184
Kaltern	15	55	88	85	–	30	103	63	90	116
Meran	28	68	101	55	30	–	116	33	60	129
Sand in Taufers	88	48	15	171	103	116	–	149	68	43
Schlanders	61	101	134	22	63	33	149	–	93	162
Sterzing	75	30	53	115	90	60	68	93	–	81
Toblach	101	61	28	184	116	129	43	162	81	–

chend kenntlich gemachten Zonen auch ganz konsequent ab.

Üblicherweise wird man an **Tankstellen** bedient. Über Mittag und an Wochenenden sind die meisten Tankstellen geschlossen, bieten jedoch Selbstbedienungs-Zapfsäulen (bis 25 €) an. An den mautpflichtigen **Autobahnen** zieht man an der Schranke ein Ticket, welches man beim Verlassen der Schnellstraße an der Mautstelle wieder vorzeigen muss. Die Mautgebühr wird anhand der Karte je nach der gefahrenen Strecke berechnet.

Die **Höchstgeschwindigkeit** für PKW außerhalb geschlossener Ortschaften beträgt 90 km/h (mit Anhänger 80 km/h), auf der Autobahn zwischen Brenner und Bozen 110 km/h (100 km/h). Der nationale Führerschein ist für Mitglieder der EU-Staaten ausreichend. Noch ein Tipp: Bei Fahrten nach Italien sollten Sie unbedingt die **Internationale Grüne Versicherungskarte** mit sich führen!

Im Falle eines **Unfalls** sollten Sie immer die Polizei rufen, selbst Fotos machen, die Daten des Unfallgegners aufnehmen, Zeugen feststellen und die Unfallstelle skizzieren. Über den italienischen Automobil-Club ACI können Sie die Vertrags-Rechtsanwälte des deutschen ADAC erfragen. Die Klärung des Unfalls ist in der Regel langwierig (ein- bis zwei Jahre Wartezeit), durch aktive Mithilfe sichern Sie sich ab.

In höheren Bergregionen blockieren **Kurvenparker** leider häufig den Verkehrsfluß. Als **Privatwege** gekennzeichnete Straßen sollten respektiert werden.

Fahrrad

Inzwischen kann man überall in Südtirol moderne Fahrräder und Mountainbikes ausleihen. In der Regel kümmern sich ortsansässige Sportgeschäfte um diesen Service, der sich auch über die Wochenenden erstreckt. In den Touristenvereinen nennt man Ihnen gerne die jeweiligen Adressen.

Bahn und Bus

Reisen mit dem Zug ist eine durchaus preiswerte Alternative zum Autofahren. Hauptverbindungen sind die Strecken Brenner–Bozen–Salurn (Nord-Süd-Tangente) und Bozen–Meran, Bozen–Pustertal (West-Ost-Tangenten). Mit der **Grünen Karte** (20 €), zu haben in Bahnhöfen und Reisebüros, erhalten Reisende zwischen zwölf und 26 Jahren 20 Prozent Rabatt auf alle italienischen Fahrscheine, Gültigkeitsdauer ein Jahr.

Die Bahn- und alle weitverzweigten Busverbindungen finden Sie im Fahrplan des Südtiroler Verkehrsverbundes aufgelistet. Der Winterfahrplan gilt von Mitte September bis ca. Mitte Juni, der ausführlichere Sommerfahrplan, der auch zahlreiche Passverbindungen enthält, gilt zwischen Mitte Juni und Mitte September. Fahrpläne des regionalen Bus-Netzes sowie Informationen über aktuelle Fahrpreise halten außerdem die Tourismusvereine vor Ort bereit.

Zeitungen

Auch in kleineren Orten bekommt man Druckerzeugnisse grundsätzlich am Erscheinungstag, viele Hotels haben deutsche Zeitungen abonniert.

Zoll

An den Binnengrenzen der Europäischen Union gibt es seit Januar 1993 keine Zollkontrollen mehr (Sicherheitskontrollen werden allerdings weiter durchgeführt). Die ausgeführten Waren dürfen nur für den Privatgebrauch sein, ansonsten müssen Sie sie versteuern.

Geschichte auf einen Blick

ca. 200 v. Chr.
Bereits in der Bronzezeit ist die Existenz Sesshafter, Viehzucht und Ackerbau betreibender Siedler in Südtirol belegt.

15 v. Chr.
Das Gebiet wird nach der Eroberung durch die Stiefsöhne des Kaiser Augustus, Tiberius und Drusus, dem römischen Imperium einverleibt.

590
Frankeneinfall in Südtirol, in der Folgezeit sind die Bayern mit den Langobarden in Auseinandersetzungen verwickelt.

769
Der Bajuwarenherzog Tassilo III. gründet das Kloster Innichen zur Missionierung der Slawen.

778
Karl der Große gliedert das Tiroler Gebiet dem Frankenreich ein, nachdem er das Königreich der Langobarden unterworfen hatte. Das rechtsseitige Etschtal allerdings verbleibt dem Königreich Italien.

1248
Geburtsjahr der »Grafschaft Tirol«, nachdem Graf Albert II. von Tirol die Grafschaften von Trient und Brixen samt der gleichnamigen Bistümer seinem Machtbereich eingliedern konnte.

1258–1295
Unter der Regentschaft von Meinhard II. von Tirol nimmt die Ausbildung des Landes Tirol klare Konturen an (1271). Durch den Schutz der damals schon stark frequentierten Handelswege von Italien nach Deutschland kommt Tirol rasch zu bemerkenswertem Wohlstand, und auch die Leibeigenschaft wird weitgehend abgeschafft.

1363
Die Tiroler Landesherrin Margaretha Maultasch übergibt nach dem Tod ihres Sohnes Meinhard III. ganz Tirol an Österreich. Bis zum Jahr 1919 soll Tirol wichtiger Bestandteil der Habsburger Monarchie bleiben.

1420
Die Landeshauptstadt wird von Meran nach Innsbruck transferiert.

1490
Erzherzog Sigmund übergibt Tirol an seinen Verwandten Maximilian, der 1507 deutscher Kaiser wird. Unter ihm gerät Innsbruck in den Blickpunkt europäischer Politik.

16. Jahrhundert
Im Zuge der Gegenreformation verlangt Landesfürst Ferdinand II., dass alle seine Untertanen katholischen Glaubens sein müssen.

1665
Die Tiroler Linie des Hauses Habsburg stirbt aus, der Wiener Hof übernimmt die Regentschaft über Tirol.

1805
Nach der Niederlage gegen Napoleon tritt Österreich Tirol an Bayern ab.

1809
Unter der Führung des Gastwirts und Viehhändlers Andreas Hofer kämpfen die Tiroler Bauern gegen bayerisch-französische Truppen. Es kommt zu drei blutigen Schlachten am Berg Isel, der mit einer Niederlage Hofers und seiner Gefolgsleute endet. Ein Jahr später wird der Volksheld in Mantua erschossen.

1814/15
Der Wiener Kongress beschließt nach dem Niedergang Napoleons die Rückgabe Tirols an die Habsburger. In den folgenden 100 Jahren gerät Tirol öfters ins Kreuzfeuer kriegerischer

Auseinandersetzungen zwischen Österreich, Frankreich und Italien.

1919
Im Friedensvertrag von St. Germain geht Südtirol an Italien, das Gebiet nördlich des Brenner bleibt bei Österreich.

1922
Mit der Machtergreifung der Faschisten beginnt die erzwungene Italienisierung Südtirols (Umsiedlungen, Unterdrückung der Volksidentität).

1939
Das »Umsiedlungsabkommen« zwischen Hitler und Mussolini beschließt die Ausbürgerung Südtiroler ins Deutsche Reich.

1943
Italien vereinbart mit den Alliierten den Waffenstillstand. Hitlers Soldaten besetzen weite Teile Italiens (bis Neapel).

1945
Die deutschen Streitkräfte in Italien schließen mit den Alliierten ein Waffenstillstandsabkommen. Dadurch entgeht Südtirol der von Hitler geplanten Verteidigung der »Alpenfestung«.

1946
Das »Pariser Abkommen« über die Autonomie Südtirols bringt keinen Durchbruch in der Frage, wohin Südtirol eigentlich gehören soll. Die vier Großmächte schmettern den Wunsch Österreichs ab, eine Volksabstimmung (mit dem Ziel, Südtirol wieder in Österreich einzugliedern) durchzuführen, und schlagen Südtirol dem italienischen Staat zu. Einzig der Abschluss eines Schutzabkommens mit Österreich soll die wirtschaftliche und kulturelle Entwicklung und damit die Erhaltung des Volkscharakters garantieren.

1948
Südtirol wird autonome Provinz Italiens mit eigener Landesregierung.

1961–1964
Der Südtirol-Konflikt erreicht nach Sprengstoffanschlägen einen Höhepunkt.

1969
Das »Autonomie-Paket« wird endlich für die Provinz Bozen von Rom und Wien ratifiziert.

1972
Das zweite Autonomie-Statut erweitert die Macht der Regierung in Bozen, Deutsch und Italienisch werden auch im öffentlichen Leben gleichberechtigte Sprachen.

1987
Regenfälle führen im Martelltal zu einem katastrophalen Erdrutsch, der Stausee tritt über die Ufer.

1991
Unweit der Similaunhütte wird »Ötzi«, eine 4000 Jahre alte Gletscherleiche, gefunden.

1994
Newcomer Berlusconi gewinnt die Wahl mit seiner rechtslastigen »Forza Italia«. Die Südtiroler Volkspartei (SVP) erreicht 60,1 % der abgegebenen Stimmen.

1995
Berlusconis kometenhafter Aufstieg findet ein jähes Ende.

1999
Der Flughafen Bozen nimmt den internationalen Linienflugverkehr auf.

2001
Brixen, Südtirols älteste Stadt, feiert 1100-jähriges Jubiläum. Höhepunkt ist ein historischer Umzug im September.

A
B
C
1
2
3
4
SCHWEIZ
Inn
315
Finstermünzpass
1188
Nauders
Martina
27
315
2808
1507
Kaunertal
Stausee Gepatsch
Plangeroßspitze 2942
Glockturm 3355
Ö S T E R R
Wildspitz 3774
3142
3030
Weißsee-spitze
3532
Ö t z t a l e
Reschenpass
Reschen
Langtauferer Tal
Melag
40
Rojen
Schöneben
Graun i. Vinschgau
Reschensee
3736
Weißkugel
Hochjoch
2875
3602
Zur schönen Aussicht
Kurzras
Similau
2926
Haider Alm
St. Valentin a. d. Haide
Haidersee
O b e r
3359
Valvel-Sp.
3433
Saldurn-Sp.
Vernagt
Unser ... im Sch
Vernagt-Stausee
Planeil
Planeiltal
Matscher Tal
Thanai
2554
Watles
Kloster Marienberg
Burgeis
Etsch
P. Sesvenna
3205
Schlinig
Mals
Rems-Sp. 3206
3200
Mastaun-Sp.
Sesvennagruppe
Schleis
Laatsch
Matsch
Schluderns
Schloss Churburg
3
Taufers im Münstertal
3075
41
Glurns
4
Rambach
40
Spondinig
Tannas
St. Martin am Vorberg
Kortsch
Vezzan
Goldrain
Kastel
38
Münster
Sta. Maria
N28
Prad am Stilfserjoch
Laas
Schlanders
Latsch
Tschengls
Morter
Münstertal
Stilfs
V i n s c h g a u (label)
Tarnell
U n t e r
Klein-boden
Gomagoi
Nationalpark
Stilfser
Bad Salt
Martell
38
3004
Trafoi
Außer Sulden
Orgel-Sp. 3305
Gand
Umbrailpass 2501
Suldental
Vertain-Sp. 3544
Hasenöhrl 3257
38
2757 Stilfser Joch
Payer-H. 3905 Ortler
Sulden
Zufritt-see
Martelltal
Joch
Hochjoch-Biwakschachtel
3324 Hint.-Schöntaufspitze
Zufritt-Sp. 3439
Grünsee
St. Gertrau
Zebrutal
3851 Königsspitze
Ortlergruppe
3343
Weißbrunner Alm
Weißbrunner
Zufall-Sp.
3769
3386
Nationalpark Stilfser Joch
Bagni di Rabbi
Lombardia
N
0
9 km

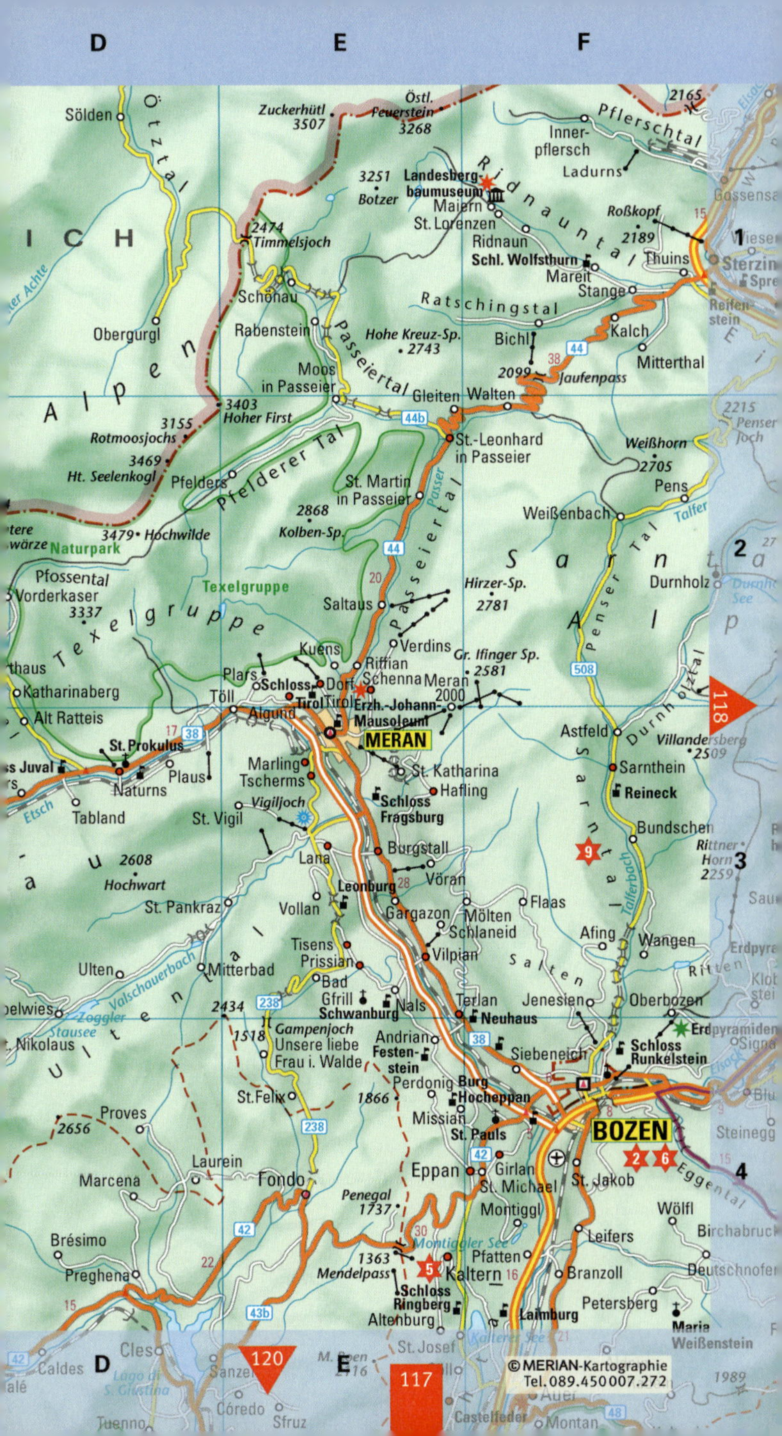
D
E
F
1
2
3
4
Sölden
Ötztal
Zuckerhütl 3507
Östl. Feuerstein 3268
Pflerschtal
Innerpflersch
Ladurns
3251 Botzer
Landesberg-baumuseum
Ridnauntal
Maiern
St. Lorenzen
Ridnaun
Roßkopf 2189
Schl. Wolfsthurn
Mareit
Thuins
Sterzing
Stange
2474 Timmelsjoch
Schönau
Obergurgl
Rabenstein
Ratschingstal
Hohe Kreuz-Sp. 2743
Bichl
Kalch
Reifenstein
Passeiertal
Moos in Passeier
2099 Jaufenpass
Mitterthal
Alpen
Gleiten
Walten
3403 Hoher First
3155 Rotmoosjochs
St.-Leonhard in Passeier
Penser Joch
Weißhorn 2705
3469 Ht. Seelenkogl
Pfelders
Pfelderer Tal
St. Martin in Passeier
Pens
2868 Kolben-Sp.
Weißenbach
Talfer
3479 Hochwilde
Naturpark
Pfossental
Vorderkaser
3337
Texelgruppe
Saltaus
Hirzer-Sp. 2781
Sarntaler Alpen
Durnholz
Penser Tal
Verdins
Kuens
Riffian
Gr. Ifinger Sp. 2581
Plars
Schloss
Dorf Tirol
Schenna
Meran 2000
Katharinaberg
Töll
Tirol
Erzh.-Johann-Mausoleum
Algund
Alt Ratteis
MERAN
Astfeld
Villandersberg 2509
St. Prokulus
Durnholzertal
Juval
Marling
Tscherms
Plaus
Naturns
St. Katharina
Sarnthein
Reineck
Hafling
Schloss Fragsburg
Etsch
Tabland
Vigiljoch
St. Vigil
Bundschen
Burgstall
Rittner Horn 2259
2608 Hochwart
Lana
Vöran
Sarntal
Leonburg
St. Pankraz
Vollan
Gargazon
Mölten
Flaas
Schlaneid
Afing
Wangen
Tisens
Vilpian
Ulten
Prissian
Salten
Mitterbad
Valschauerbach
Bad Gfrill
Nals
Terlan
Jenesien
Oberbozen
Erdpyramiden
Schwanburg
Neuhaus
Zoggler Stausee
2434
1518 Gampenjoch
Unsere liebe Frau i. Walde
Andrian
Festenstein
Siebeneich
Schloss Runkelstein
Ultental
St. Nikolaus
Perdonig
Burg Hocheppan
St.Felix
1866
Proves
2656
Missian
St. Pauls
BOZEN
Steinegg
Laurein
Marcena
Fondo
Eppan
Girlan
St. Michael
St. Jakob
Eggental
Penegal 1737
Montiggl
Wölfl
Birchabruck
Brésimo
Montiggler See
Leifers
1363 Mendelpass
Pfatten
Kaltern
Branzoll
Deutschnofen
Preghena
Schloss Ringberg
Petersberg
Altenburg
Laimburg
Maria Weißenstein
Cles
Caldes
Lago di S. Giustina
Sanzeno
M. Roen 2116
St. Josef
Kalterer See
Cóvedo
Sfruz
Tuenno
Castelfeder
Auer
Montan
120
118
© MERIAN-Kartographie
Tel. 089.450007.272

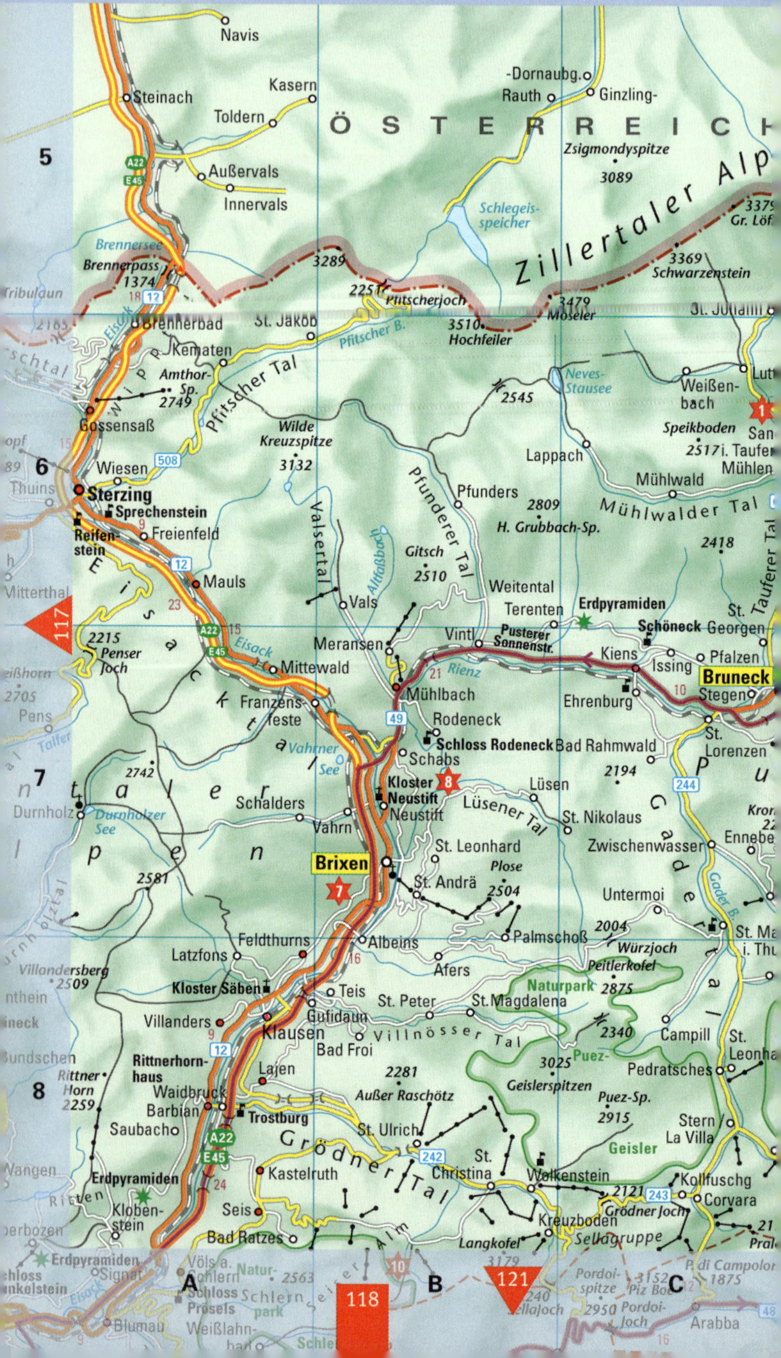
A
B
C
5
6
7
8
Navis
Steinach
Kasern
Toldern
-Dornaubg.
Rauth
Ginzling-
Ö S T E R R E I C H
Zsigmondyspitze
3089
Außervals
Innervals
Schlegeis-
speicher
Zillertaler Alp
3379
Gr. Löf
Brennersee
Brennerpass
1374
3289
2251
Pfitscherjoch
3369
Schwarzenstein
3479
Möseler
St. Jakob
3510
Hochfeiler
Brennerbad
Pfitscher B.
Kematen
Amthor-
Sp.
2749
Pfitscher Tal
Neves-
Stausee
2545
Weißen-
bach
Gossensaß
Wilde
Kreuzspitze
3132
Speikboden
2517
Lappach
Mühlwald
Mühlwalder Tal
Wiesen
508
Sterzing
Sprechenstein
Reifen-
stein
Freienfeld
Pfunders
Pfunderer Tal
2809
H. Grubbach-Sp.
2418
Valsertal
Altfaßbach
Gitsch
2510
Mauls
Vals
Weitental
Terenten
Erdpyramiden
Tauferer Tal
Mitterthal
117
Eisacktal
2215
Penser
Joch
Meransen
Vintl
Pusterer
Sonnenstr.
Schöneck
Kiens
Issing
Pfalzen
Bruneck
Stegen
St. Georgen
Rienz
Mittewald
Mühlbach
Ehrenburg
Pens
2705
Franzens-
feste
Rodeneck
Schloss Rodeneck
Bad Rahmwald
St.
Lorenzen
49
Vahrner
See
Schabs
2742
Kloster
Neustift
Neustift
Lüsen
2194
Lüsener Tal
St. Nikolaus
244
Durnholz
Durnholzer
See
Schalders
Vahrn
Zwischenwasser
Sarntaler Alpen
Brixen
St. Leonhard
Plose
2504
St. Andrä
2581
Untermoi
Gader B.
Gadertal
Feldthurns
Albeins
Palmschoß
2004
Würzjoch
Peitlerkofel
2875
Latzfons
Afers
Villandersberg
2509
Kloster Säben
Teis
Naturpark
St. Peter
St. Magdalena
Villanders
Gufidaun
Klausen
Villnösser Tal
2340
Campill
Bad Froi
Puez-
3025
Rittnerhorn-
haus
Rittner
Horn
2259
Lajen
2281
Außer Raschötz
Pedratsches
Geislerspitzen
Puez-Sp.
2915
Waidbruck
Barbian
Trostburg
Saubach
St. Ulrich
Grödner Tal
Stern
La Villa
Geisler
242
St.
Christina
Wolkenstein
Erdpyramiden
Kastelruth
Ritten
Kloben-
stein
2121
243
Kolfuschg
Corvara
Grödner Joch
Seis
Kreuzboden
Bad Ratzes
Langkofel
Sellagruppe
Erdpyramiden
Signat
Völs a.
Schlern
Natur-
park
2563
Schloss
Prösels
Schlern
Seiser Alm
3179
240
Sellajoch
Pordoi-
spitze
3152
Piz Boè
2950
Pordoi-
joch
Arabba
Blumau
Weißlahn-
bad
121

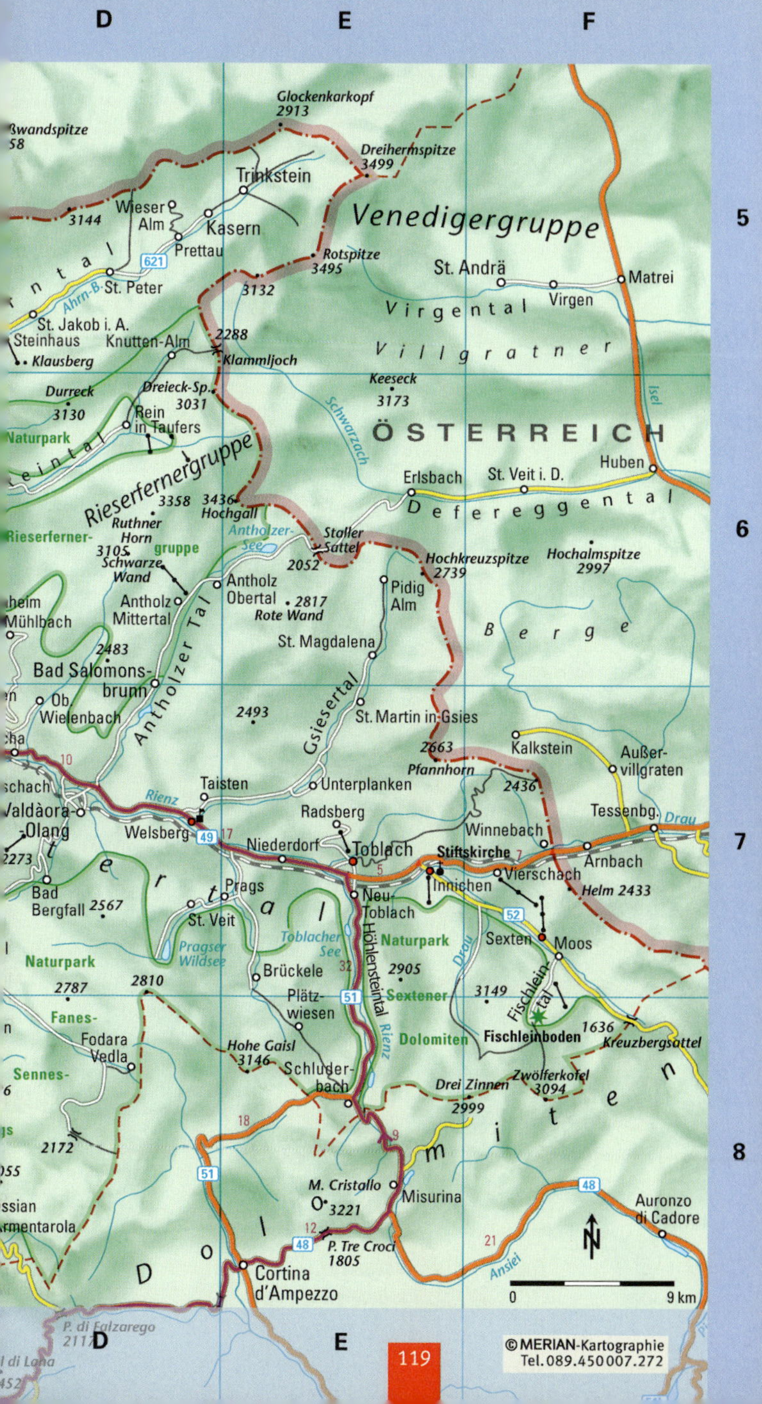
D
E
F
5
6
7
8
Glockenkarkopf 2913
Dreiherrnspitze 3499
Trinkstein
Venedigergruppe
3144
Wieser Alm
Kasern
Prettau
621
Rotspitze 3495
St. Andrä
Matrei
Ahrn-B.
St. Peter
3132
Virgental
Virgen
St. Jakob i. A.
Steinhaus
Knutten-Alm
2288
Klammljoch
Villgratner
Klausberg
Keeseck 3173
Durreck 3130
Dreieck-Sp. 3031
Isel
Rein in Taufers
Schwarzach
ÖSTERREICH
Naturpark
Rieserfernergruppe
Huben
Erlsbach
St. Veit i. D.
3358
3436 Hochgall
Defereggental
Ruthner Horn
Rieserferner-
gruppe
Antholzer-See
Staller Sattel
3105 Schwarze Wand
2052
Hochkreuzspitze 2739
Hochalmspitze 2997
Antholz Obertal
2817 Rote Wand
Pidig Alm
Mühlbach
Antholz Mittertal
Berge
2483
St. Magdalena
Bad Salomonsbrunn
Antholzer Tal
Ob. Wielenbach
2493
Gsiesertal
St. Martin in Gsies
Kalkstein
2663 Pfannhorn
Außervillgraten
10
Taisten
Unterplanken
2436
Valdàora-Olang
Rienz
Radsberg
Tessenbg.
Drau
Welsberg
49
17
Niederdorf
Toblach
Winnebach
Stiftskirche
7
Arnbach
2273
5
Innichen
Vierschach
Helm 2433
Bad Bergfall
2567
Prags
Neu-Toblach
St. Veit
52
Pragser Wildsee
Toblacher See
Naturpark
Sexten
Moos
Höhlensteintal
Naturpark
Brückele
32
2905
2787
2810
Plätzwiesen
51
Sextener
3149
Fischleintal
Fanes-
Fodara Vedla
Hohe Gaisl 3146
Dolomiten
Fischleinboden
1636
Kreuzbergsattel
Rienz
Sennes-
Schluderbach
Drei Zinnen 2999
Zwölferkofel 3094
18
9
2172
51
M. Cristallo 3221
Misurina
48
Auronzo di Cadore
12
48
P. Tre Croci 1805
21
Cortina d'Ampezzo
Ansiei
0
9 km
P. di Falzarego 2117
©MERIAN-Kartographie
Tel. 089.450007.272

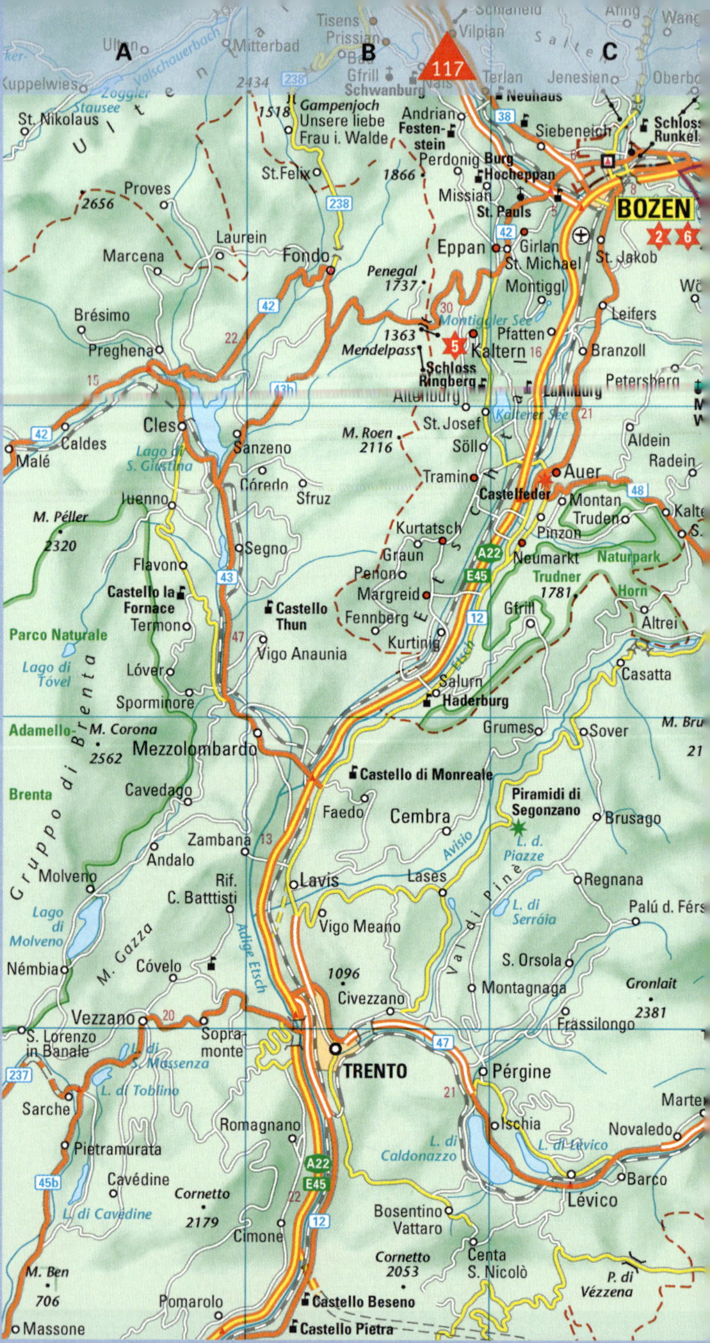

A
B
C
117
Ulten
Mitterbad
Tisens
Prissian
Vilpian
Terlan
Jenesien
Kuppelwies
Zoggler Stausee
Gfrill
Schwanburg
Neuhaus
St. Nikolaus
Ulten
Gampenjoch
1518
Unsere liebe Frau i. Walde
Andrian
Festenstein
Siebeneich
Schloss Runkel
2434
St. Felix
1866
Perdonig
Burg Hocheppan
Missian
St. Pauls
BOZEN
2656
Proves
Laurein
Fondo
Eppan
Girlan
St. Michael
St. Jakob
Marcena
Penegal 1737
Montiggl
Leifers
Brésimo
1363
Montiggler See
Pfatten
Mendelpass
Kaltern
Branzoll
Preghena
Schloss Ringberg
Altenburg
Petersberg
Cles
Caldes
Malé
Lago di S. Giustina
Sanzeno
M. Roen 2116
St. Josef
Kalterer See
Söll
Aldein
Radein
Córedo
Sfruz
Tramin
Auer
Castelfeder
Montan
Trudeno
Iuenno
M. Péller 2320
Kurtatsch
Pinzon
Segno
Graun
Neumarkt
Naturpark
Flavon
Penon
Trudner
Horn
Margreid
1781
Castello la Fornace
Castello Thun
Fennberg
Gfrill
Altrei
Termon
Kurtinig
Etsch
Parco Naturale
Lago di Tóvel
Vigo Anaunia
Casatta
Lóver
Salurn
Haderburg
Sporminore
Adamello-Brenta
M. Corona 2562
Mezzolombardo
Grumes
Sover
M. Bru
Castello di Monreale
Gruppo di Brenta
Cavedago
Piramidi di Segonzano
Faedo
Cembra
Brusago
Zambana
L. d. Piazze
Andalo
Avisio
Molveno
Lavis
Lases
Regnana
Rif. C. Batttisti
Lago di Molveno
Vigo Meano
L. di Serráia
Palú d. Férs
Val di Pinè
S. Orsola
Némbia
M. Gazza
Cóvelo
Adige Etsch
1096
Montagnaga
Gronlait 2381
Civezzano
Vezzano
Frassilongo
S. Lorenzo in Banale
Sopramonte
L. di S. Massenza
TRENTO
Pérgine
L. di Toblino
Sarche
Romagnano
Ischia
Novaledo
L. di Caldonazzo
L. di Levico
Pietramurata
Cavédine
Barco
Lévico
L. di Cavedine
Cornetto 2179
Bosentino
Vattaro
Cimone
Cornetto 2053
Centa S. Nicolò
M. Ben 706
P. di Vézzena
Pomarolo
Castello Beseno
Massone
Castello Pietra
9
10
11
12

118
Kastelruth
Christina
Wolkenstein
Kolfuschg
Corvara
Erdpyramiden
Klobenstein
Seis
Bad Ratzes
Grödner Joch
2121
Kreuzboden
Sellagruppe
2139
Pralong
Langkofel
3179
Völs a. Schlern
Signat
Schloss Prösels
Schlern
Naturpark Schlern
2563
Seiser
Pordoispitze
3152 Piz Boé
P. di Campolongo 1875
2240 Sellajoch
2950 Pordoi-Joch
Arabba
Blumau
Weißlahnbad
Tiers
Tierser Tal
Rosengarten
Canazei
Mazzin
Nigerpass 1688
Avisio
Welschnofen
Vigo di Fassa
3342 Marmolada
Palue
1745
Karerpass
Karersee
Fassatal
Valláccia 2637
Veneto
Obereggen
2842 Latemar
Moena
P. di S. Pellegrino 1919
Rauth
Ronchi
Alta Badia
1805 Lavazejoch
Viezzena 2491
Parco Naturale Paneveggio- Pale di Martino
Bellamonte
Predazzo
Garés
Cavalese
P. di Rolle 1970
Fleimstal
San Martino di Castrozza
Trentino
Catena dei Lagorai
Siror
Fiera di Primiero
Transacqua
Cima d'Asta 2847
Tanoi
2440
Canal S. Bovo
Gòbbera
Mezzano
Rif. Carlettini
Val Calamento
L. di Val Noana
M. Ramezza 2228
Cimon Rava 2434
1616 P. d. Brocon
Parco Nazionale delle Dolomiti Bellunesi
M. Salùbio 1886
M. Ágaro 2066
Bieno
Castello Schener
Telve
S. Donato
Strigno
Castelnuovo
Castello Tesino
Sorriva
Cinte Tesino
Borgo Valsugana
Brenta
Arina
Fonzaso
Feltre
Grigno
L. d. Senáiga
M. Lozze 1920
Cismon
2341
Belvedere
Rasai
Tomo
Rendole
M. Lisser 1634
M. Cismon 1269
Schievenin
M. Zébio 1717
Altopiano dei Sette Comuni
0
9 km
D
E
F
9
10
11
12

Kartenregister

Zeichenerklärung
❍ Orte
▲ Gebirge
~ Gewässer, Strand
∞ Landschaft
★ Sehenswürdigkeit
☆ Nationalpark

Orts- und Sachregister

Hier finden Sie alphabetisch aufgeführt alle in diesem Band beschriebenen Orte und Ziele, Routen und Touren. Bei einzelnen Sehenswürdigkeiten steht jeweils der dazugehörige Ort in Klammern, bei Hotels steht zusätzlich die Abkürzung H für Hotel.

Außerdem enthält das Register wichtige Stichworte sowie alle MERIAN-Tipps und Extras dieses Reiseführers. Wird ein Begriff mehrfach aufgeführt, verweist die **fett** gedruckte Zahl auf die Hauptnennung im Band.

Liebe Leserinnen und Leser,

wir freuen uns, Ihre Meinung zu diesem Reiseführer zu erfahren. Bitte schreiben Sie uns, wenn Sie Berichtigungen und Ergänzungsvorschläge haben oder wenn Ihnen etwas besonders gut gefällt:

Gräfe und Unzer Verlag, Reiseredaktion, Postfach 86 03 66, 81630 München
E-Mail: merian-live@graefe-und-unzer.de

Redaktion: Christa Botar
Kartenredaktion:
Reinhard Piontkowski

**Bei Interesse an Karten aus MERIAN-Reiseführern schreiben Sie bitte an: iPublish GmbH, geomatics, Berg-am-Laim-Straße 47, 81673 München
E-Mail: geomatics@ipublish.de**

Gestaltung: Ludwig Kaiser
Karten: MERIAN-Kartographie
Produktion: Helmut Giersberg
Satz: Filmsatz Schröter, München
Druck und Bindung: Appl, Wemding
ISBN 3-7742-6124-5

Fotos:
Alle Fotos von Holzner & Lengnick außer G. Amberg 79 o; H. Arndt 4/5, 14/15, 46, 67 o, 67 m, 72, 79 u, 82/83; H. Hartmann 32; M. Thomas 29 u, 67 u, 63 o, 63 u, 91

Gedruckt auf Luxokay mattgestrichen von Schneidersöhne Papier.

Auflage	5.	4.	3.	2.	1.
Jahr	2005	04	03	02	01